HOT-DOGS
Maiskolben
TAVERNA HELLAS
Moscow Mule
Hugo
Polnischer Abgang
Paloma Margarita
Gin Basil Smash 8.
SANKT PAULI IST DIE EINZIGE MÖGLICHKEIT
Köstlichkeiten
OPEN
19 - 6h
Unfallgefahr
30 km/h
Grüne Welle
F_CK
Jolly Ro

OU'LL NEVER COOK ALONE

KIEZKÜCHE

// ST. PAULI

REZEPTE // Sven Langanke
TEXT // Sandra Vartan, Sebastian Meißner
DESIGN // Rabea Meyer
FOTOGRAFIE // John Brömstrup

mpeyer
COMMUNICATION

INHALT

EINLEITUNG

KIEZ-LEGENDEN

BUTTER BEI DIE FISCHE

AM FLEISCHERHAKEN

WELTKLASSE

INHALT

WELTKLASSE

VEGGIES

RABAUKENFUTTER

SCHLUSSPFIFF

HINTER DIE BINDE

KATERFRÜHSTÜCK

SCHLUSSTEIL

ST. PAULI LIEBT DICH

go vegan

ADVANCED BASE
GERMANY

Ebbe
GESTERN

1 2 3 4 5

REPLAY

MOIN MOIN,

gutes Essen ist vielleicht nicht das Erste, was man mit St. Pauli verbindet. Dabei verstecken sich hinter dem schillernden Nachtleben aus Sex, Show und Rock´n´Roll jede Menge kulinarische Highlights. An vielen Orten des Stadtteils gibt es hochklassige Gastronomie. Hinzu kommt ein fast grenzenloser Vorrat an interessanten Geschichten rund um das Thema Essen und Trinken.

Im Hafen vor St. Pauli treffen tagtäglich frische Lebensmittel aus aller Welt ein. Im Viertel hat sich eine breite Verarbeitungs- und Veredelungsindustrie angesammelt. Einflüsse aus aller Welt kommen in Hamburgs schillerndstem Stadtteil zusammen und ergeben eine ganz eigene, besondere Mischung. St. Pauli bietet alles, was ein leckeres Gericht braucht: MAN KANN ES SCHMECKEN, RIECHEN UND FÜHLEN.

Seit ich St. Pauli das erste Mal betreten habe – im Dezember 1992, nach dem Besuch eines Konzertes mit Slime und anderen Punklegenden in der Markthalle – habe ich mich in dieses Viertel verliebt. Die Herzlichkeit der Anwohner, ihre alternative Lebensform und das große Miteinander haben mich von der ersten Sekunde an gepackt. Damals befand ich mich in der Ausbildung zum Koch. Später arbeitete ich unter anderem auf Sylt, in der Schweiz und in Singapur, diente mich vom Azubi zum Küchenchef hoch. Bei meinen Reisen konnte ich vielen virtuosen Köchen über die Schultern schauen und habe viele inspirierende und außergewöhnliche Rezepte kennengelernt.

Nachdem ich zwölf Jahre lang als Küchenchef im „IndoChine waterfront + restaurant“ an der Elbe gearbeitet habe, freue ich mich jetzt auf spannende Abenteuer mit der Kiezküche. Ich mag Gerichte aus frischen Zutaten, die mutig in der Komposition sind und Charakter haben. Auf St. Pauli bekomme ich viele Denkanstöße für meine Arbeit. Wenn ich durch das Viertel laufe, sammle ich die bunten Eindrücke und Erfahrungen. Oft entstehen daraus Ideen für neue Rezepte.

Auf den folgenden Seiten habe ich mit meinem Team einige meiner Lieblingsrezepte zusammengestellt, die bei meinen Streifzügen durch St. Pauli entstanden sind. Dazu haben wir einige Geschichten aus dem Viertel zusammengetragen, die mit Essen, Kochen – und natürlich Trinken – zu tun haben. Zusammen ergeben sie einen interessanten Einblick in die kulinarische Vielfalt und Besonderheit des Stadtteils. Lasst es euch schmecken.

VIVA ST. PAULI!
EUER SVEN

KLEINE KIEZKUNDE

53° 33' 25"'N
9° 57' 50"'O

FLÄCHE // 2,6 KM²

300.000

// BESUCHER AUF ST. PAULI PRO WOCHENENDE

// RUND 250 RESTAURANTS

LÄNGE DER REEPERBAHN // 930 METER

circa **27.000**

EIN-WOHNER

aus **136** NATIONEN

HAMBURGER STADTTEIL seit 1894

[DAVOR VORSTADT HAMBURGER BERG]

Millerntor
FACTS PRO SPIEL

circa **1.000 KG**

WURST

pro **SPIEL**

circa **35.000**

BECHER

Getränke

=1,5

BECHER

pro Besucher

Reeperbahn

Große Freiheit

KIEZ LEGENDEN

WORLD CHAMPION
WBC
EBU
RTL

LABSKAUS VOM TAFELSPITZ

MIT ROLLMOPS UND SPIEGELEI

Der deftige Eintopf ist ein Jahrhunderte altes Hamburger Seefahrergericht. Da sich die Zutaten gut auf Schiffen aufbewahren ließen und die Speise schnell zubereitet war, diente es als gehaltvolle Stärkung der Schiffsbesatzung. Bis heute ist das Gericht bei Hanseaten sehr beliebt, egal ob Seebär oder Landratte.

ZUTATEN FÜR 4 PERSONEN

600 *gramm* RINDERTAFELSPITZ
1 *kleine Stange* LAUCH
4 LORBEER*blätter*
etwas REISESSIG
10 *schwarze* PFEFFERKÖRNER
1 *TL* SENFKÖRNER
150 *gramm* KNOLLENSELLERIE
500 *gramm* KARTOFFELN
400 *gramm* ROTE BETE
1 *TL* KÜMMEL
4 ROLLMÖPSE
4 EIER
1 ZWIEBEL
DILL *zum Garnieren*
SALZ
PFEFFER AUS DER MÜHLE

Den Tafelspitz in kaltem Wasser ansetzen und einmal aufkochen lassen. Dann die Trübstoffe abschöpfen. Lauch, Lorbeer, Salz, Pfeffer, Senfkörner, Sellerie und etwas Reisessig dazugeben und auf kleiner Flamme etwa zwei Stunden garen, bis das Fleisch zart ist.

Danach die Kartoffeln schälen, kochen und durch eine Kartoffelpresse drücken. Die Rote Bete zusammen mit Kümmel und Salz kochen. Den butterweichen Tafelspitz aus der Brühe nehmen, abkühlen lassen und mit den Fingern in Fäden zupfen. Anschließend die Rote Bete schälen und fein pürieren. Kartoffeln und Rote Bete vermischen und etwas von der Tafelspitzbrühe unterrühren. Danach die Fleischfäden langsam unterheben. Mit Salz und Pfeffer abschmecken.

Das Labskaus auf den Tellern anrichten und jeweils einen Rollmops dazu legen. Zum Schluss ein gebratenes Spiegelei darüber geben und etwas frischen Dill zum Garnieren verwenden.

RUMPEL-PUMPEL MATJES

UNSERE VARIATION DER KLASSISCHEN „HAUSFRAUENART" MIT BLAUEM SCHWEDEN

Matjes ist eine traditionelle, norddeutsche Fischspezialität. Als „Jungfrau" unter den Fischen, wird er zwischen Mai und Juni gefangen, bevor er die Geschlechtsreife erlangt. Daher hat er auch seinen Namen: Matjes leitet sich vom niederländischen Maatjesharing bzw. Maagdenharing ab, was so viel wie „Mädchenhering" oder „Jungfrauenhering" bedeutet. Traditionell wird der Matjes zum Verzehr an der Schwanzflosse gepackt, der Kopf in den Nacken gelegt und dann der Fisch kopfüber in den Mund gesteckt. Pur, ohne alles, getreu dem norddeutschen Trinkspruch: Nicht lang schnacken, Kopp in' Nacken.

ZUTATEN FÜR 4 PERSONEN

400 *gramm* MATJESFILET
2 BOSKOP ÄPFEL
2 *rote* ZWIEBELN
1 *Becher* JOGHURT
1 *Bund* SCHNITTLAUCH
500 *gramm* KARTOFFELN
200 *gramm* BLAUER SCHWEDE [KARTOFFELSORTE MIT BLAU MARMORIERTEM FLEISCH]
3 EIER
frisch geriebener MUSKAT
150 *gramm* PUMPERNICKEL
etwas ÖL ZUM BRATEN
SALZ
PFEFFER AUS DER MÜHLE

Die Matjesfilets kalt abspülen und danach auf Küchenpapier abtropfen lassen. Danach die Äpfel und Zwiebel schälen und in feine Stücke schneiden. Den Joghurt glatt rühren, würzen und mit den klein geschnittenen Äpfeln und Zwiebeln vermischen. Den Schnittlauch in feine Ringe schneiden und unterrühren.

Anschließend beide Kartoffelsorten schälen und mit einer Kartoffelraspel fein raspeln. Die Eier trennen und das Eigelb zur Kartoffelmasse hinzufügen. Mit Salz, Pfeffer und Muskat würzen. Die Kartoffelmasse mit den Händen leicht ausdrücken, zu kleinen Röstitalern formen und in heißem Öl ausbraten. Den Pumpernickel mit dem Messer fein hacken und in der Pfanne knusprig anbraten.

Matjes und Röstitaler auf einem Teller anrichten und vor dem Servieren mit den knusprigen Pumpernickelbröseln bestreuen.

HOPE

CHILDREN OF THE REVOLUTION

MILLERN
PAULI
ULTRA' SANKT PAULI
ASTRA
ALERTA
COSA NOSTRA

WIE AUS DEM FC ST. PAULI DER „MOST ROCK'N'ROLL CLUB IN THE WORLD" WURDE.

Es geschah Mitte der 1980er Jahre. Bis dahin war der FC St. Pauli ein Club wie jeder andere. Doch dann machten sich die Punker und Hausbesetzer aus der Hafenstraße und Umgebung auf ins Stadion – und veränderten den Verein grundlegend.

Ansammeln konnte sich die illustre Schar von Künstlern, Punkern, Studenten und Aussteigern auf St. Pauli, weil der Stadtteil damals wirtschaftlich am Boden lag. Der Hafen hatte die Verbindung zum Stadtteil verloren, es gab keine großen Unternehmen in der Nachbarschaft, viele Bars mussten schließen und das Geschäft mit der Prostitution litt unter der Angst vor Aids. In der Folge sank der Mietpreis, es gab viel Leerstand. Ein idealer Nährboden für Subkultur und alternative Lebensformen.

LIEBE IM HAMBURGER KESSEL

Die Begeisterung für den Stadtteilverein entstand eher zufällig. Am 8. Juni 1986 – der FC St. Pauli sicherte sich gerade einen wichtigen Sieg in der Aufstiegsrunde gegen den ASC Schöppingen – kam es nebenan auf dem Heiligengeistfeld zur größten Massenverhaftung in der Geschichte der Bundesrepublik. Rund 860 Anti-Atomkraft-Gegner wurden beim berüchtigten „Hamburger Kessel" von den Ordnungskräften knapp fünfzehn Stunden lang festgehalten. Die Stadionbesucher solidarisierten sich mit den Eingekesselten, die Eingekesselten mit den Stadionbesuchern.

In der Folge belebte eine immer größer werdende Gruppe von Autonomen die Gegengerade des Millerntors. Unter ihnen auch der Punkrocker Mabuse aus der Hafenstraße, der eines Tages eine Totenkopfflagge mit ins Stadion nahm. Bis heute ist der Totenkopf das Symbol für die Widerborstigkeit und das Rebellentum des Vereins geblieben. Die autonomen Fans brachten unkonventionelle Schlachtrufe und politisches Bewusstsein ins Stadion, trugen Symbole des Widerstands und gaben dem Verein eine neue Identität. Von Beginn an wurde der lautstarke Support der eigenen Mannschaft gepaart mit einer klaren Kante gegen Faschismus, Rassismus, Sexismus und Homophobie. Ebenfalls neu war der Soundtrack zu den Heimspielen.

Das englische Fußballmagazin „FourFourTwo" nannte den FC St. Pauli einmal den „most Rock'n'Roll Club in the world". Und vielleicht ist da wirklich etwas Wahres dran. Klar ist: Dinge verändern sich, Werte verschieben sich, Personen kommen und gehen. Aus dem ehemaligen Stiefkind St. Pauli ist längst ein begehrtes Wohnviertel geworden – auch mit allen unschönen Begleiterscheinungen wie Kommerzialisierung und Ausverkauf an Investoren. Tatsache ist aber auch: Noch immer weht der Punk-Geist durch das Millerntor-Stadion und den Stadtteil.

TATSACHE IST:

NOCH IMMER WEHT DER PUNK-GEIST DURCH DAS MILLERNTOR-STADION UND DEN STADTTEIL

WILLKOMMEN IM CLUB!

Keine Frage: Das alte Clubheim war legendär. Aber auch das neue Clubheim ist einen Besuch wert. Denn hier, wo sich viele Fans vor Heimspielen auf die Partie vorbereiten, gibt es unter der Woche (außer an Spieltagen) einen köstlichen Mittagstisch aus der hauseigenen Küche. Aufgetischt werden vor allem regionale und saisonale Speisen. Die Karte bietet eine gute Auswahl an herzhaften und leichten Fisch- und Fleischgerichten, Pasta und vegetarischen Speisen. Die Portionen sind üppig – UND NÄHER AM HEILIGEN RASEN KANN MAN NIRGENDWO SPEISEN. WWW.FCSTPAULI.COM

BROT FÜR DIE WELT

DER **[CLOCHARD]** IST EINE INSTITUTION AUF DEM KIEZ. SEIT 1983 HAT „DIE LUSTIGE KNEIPE AUF DER MEILE" 365 TAGE IM JAHR RUND UM DIE UHR GEÖFFNET. IM WINTER GIBT ES FÜR DIE GÄSTE EIN BESONDERES SCHMANKERL.

Der **[CLOCHARD]** ist Heimat für die Heimatlosen. Hier treffen sich Punks, Obdachlose und Sauftouristen. Wer nicht mehr trinken kann oder will, schläft einfach auf den Bänken ein.

Hart wirkt das auf manche. Dabei ist es gleichzeitig auch so herzlich. Man beachte nur die Gratis-Verpflegung der Gäste: Direkt neben dem Holzpflock, der zum Wettnageln einlädt, steht ein Topf mit Schmalz. Dazu gibt es Schwarzbrot und ein Gemeinschaftsmesser. Das ist nicht unbedingt die hohe Kochkunst, kann im Zweifel aber Leben retten.

Die Hamburger Autorin Tina Uebel schrieb einmal über ihre Lieblingsbar: „Der **[CLOCHARD]** war der ClubMed für revoltierliche Bürgerkinder, wir verbrachten Heiligabend hier und aßen Schmalzbrote, denn im **[CLOCHARD]** gibt es Schmalzbrot zu Weihnachten. Im **[CLOCHARD]** gibt es immer Schmalzbrot."

WIE SCHMECKT DENN DAS?

ROLLO FUHRMANN

SKY-REPORTER, Lieblingsverein: FC ST. PAULI

Hamburger Küche

RUNDSTÜCK WARM

SAFTIGER BRATEN IM FRISCH GEBACKENEN BRÖTCHEN

HAMBURGER ORIGINAL

Ein echter Klassiker in der norddeutschen Küche ist dieser warme Imbiss. Der leicht zuzubereitende Snack gilt als Vorläufer des Hamburgers. Ein Wirt auf der Reeperbahn soll ihn um 1900 aus der Not heraus erfunden haben. Als Gäste von außerhalb in sein Lokal kamen, konnte er ihnen keine warme Mahlzeit anbieten. Deshalb machte er schnell einige Bratenreste warm, legte sie auf eine Brötchenhälfte und übergoss sie mit warmer Soße. Der Imbiss kam bei den Gästen so gut an, dass er sich schnell verbreitete. Durch Auswanderer aus Hamburg wurde er auch über die Grenzen der Stadt und des Landes hinaus bekannt. Damit war der Hamburger geboren.

ZUTATEN FÜR 4 PERSONEN

1 SALATGURKE
250 *ml* WASSER
SALZ
ZUCKER
REISESSIG
1 *große weiße* ZWIEBEL
200 *ml* ASTRA
SENF*körner*
250 *gramm* FERTIG GESCHMORTER SCHWEINEBRATEN
2 RUNDSTÜCKE (RUNDE WEIZENBRÖTCHEN VOM BÄCKER)

Die Gurke schälen und in dünne Scheiben schneiden. Danach das Wasser mit Reisessig, Salz und Zucker abschmecken und einmal aufkochen lassen. Die Gurkenscheiben in ein hitzebeständiges Einweckglas geben und mit dem kochenden Wasser übergießen. Anschließend das Glas verschließen und abkühlen lassen.

Währenddessen in einem Topf etwas Zucker karamellisieren lassen. Die Zwiebeln in Ringe schneiden, dazugeben und mit etwas Astra ablöschen. Danach mit Salz und Senfkörnern würzen und so lange schmoren lassen, bis die Zwiebeln weich sind.

Den fertig geschmorten Schweinebraten in dünne Scheiben schneiden und auf dem Brötchen anrichten. Abschließend einige der eingelegten Gurkenscheiben dazugeben und mit der Zwiebel-Astra-Soße übergießen.

BACKFISCHBRÖTCHEN

MIT GEBRATENEM SEELACHS UND SELBST GEMACHTER REMOULADE

„Um die neuesten Infos vom Fischmarkt zu erfahren, fahre ich morgens erst mal zu Helge von [ATLANTIK FISCH]. Hier gibt's die leckersten Backfischbrötchen. Das gönne ich mir gerne vor der Arbeit. In der urigen Atmosphäre fühlt sich jeder wohl und es gibt immer was zu sehen," sagt unser Koch Sven.

Bei unserem Besuch in der Großen Elbstraße haben wir Helge das Rezept für sein Backfischbrötchen entlocken können und zeigen, wie es Zuhause nachzumachen geht.

ZUTATEN FÜR 1 FISCHBRÖTCHEN

140 *gramm* SEELACHSFILET

ÖL *zum Braten*

etwas MEHL

1 *Bio*-BRÖTCHEN

1 *Blatt* LOLLO ROSSO

1 TOMATE

etwas QUELLER (ALTERNATIV FRISCHE KRÄUTER WIE Z.B. SCHNITTLAUCH)

FÜR DIE REMOULADE

2 EIGELB (ZIMMERTEMPERATUR)

150 *ml* SOJAÖL

3 GEWÜRZGURKEN

2 *kleine bissfeste* SCHALOTTEN

1 *EL kleine* KAPERN

etwas SENF

SALZ

PFEFFER AUS DER MÜHLE

Den Seelachs mit kaltem Wasser abbrausen, mit Küchenpapier trocken tupfen, rundherum salzen und in etwas Mehl wenden. Anschließend das Fischfilet in der Pfanne knusprig braten und danach auf etwas Küchenpapier abtropfen lassen.

Für die selbst gemache Remoulade die Eier aufschlagen, in eine Schlüssel geben und das Öl langsam hinzufügen. Gurken, Schalotten und Kapern in feine Würfel schneiden. Die Schalotten danach kurz blanchieren. Etwas Senf, Pfeffer und Salz beifügen und alles zu einer glatten Masse verrühren. Sollte die Masse zu dickflüssig sein, einfach etwas Gurkenwasser dazugeben.

Anschließend das Brötchen kurz im Ofen anwärmen und aufschneiden. Den Salat, das gebackene Fischfilet, die in Scheiben geschnittene Tomate und den Queller hineinlegen und mit der Remoulade überziehen.

Rendezvous
IM ST. PAULI ECK

ANDRÉ TRULSEN UND BRIGITTE MEYER HABEN TURBULENTE ZEITEN AM MILLERNTOR ERLEBT. BEI IHREM WIEDERSEHEN ERINNERN SIE SICH AN VERSTÖRTE GEGNER, VERSTECKTE ZIGARETTEN UND PUTENGESCHNETZELTES.

Das Wiedersehen könnte herzlicher kaum sein. André Trulsen und Brigitte Meyer fallen sich in die Arme, küssen sich auf die Wange und strahlen um die Wette. Während der „Fußballgott" und die ehemalige Wirtin des alten Clubheims uns im [ST. PAULI ECK] Rede und Antwort stehen, halten sie Händchen wie zwei frisch verliebte Teenager und lassen sich kaum aus den Augen. Keine Frage: So gehen nur zwei Menschen miteinander um, die eine bewegende Zeit miteinander durchlebt haben.

Ein paar Monate haben sie sich jetzt nicht gesehen. „Truller" ist viel unterwegs gewesen in letzter Zeit. Freundschaftlich verbunden sind die beiden aber immer geblieben. Kennengelernt haben sie sich, nachdem Trulsen 1986 vom SV Lurup zum frischgebackenen Zweitliga-Aufsteiger ans Millerntor wechselte. Zwei Jahre später übernahm Brigitte das alte Clubheim und ihre Wege kreuzten sich zum ersten Mal.

18 Jahre lang war Brigitte das Herz und die Seele des Clubheims. Sie versorgte nicht nur die Gäste, sondern kümmerte sich auch wie eine Mutter um die Spieler. Sie gab ihnen Nachhilfestunden, war Ratgeberin in Liebes- und Lebensfragen und sprang auch schon mal ein, wenn der Trainer überraschend das Tabakverbot für die Kicker kontrollierte: „Dann stand ich da plötzlich mit zehn Zigaretten in der Hand. Und die Jungs waren fein raus", sagt sie. Auch das gemeinsame Biertrinken der Spieler nach der geschlagenen Rasenschlacht ist Brigitte noch gut in Erinnerung geblieben.

WEHMÜTIGER RÜCKBLICK

An das legendäre Clubheim denken die beiden noch heute wehmütig zurück: „Das war einzigartig im deutschen Profifußball. So eine Nähe zwischen Spielern und Fans gab es nirgendwo sonst", sagt Trulsen.

Was für die Spieler des FC St. Pauli Normalität war, bedeutete für viele Spieler der Gästemannschaft einen Kulturschock: Auch sie mussten sich an Spieltagen durch das bunte Völkchen an jungen Punkern und alten Trinkern in der Gaststätte hindurch kämpfen, um in die Kabinen zu gelangen – und bekamen dabei so manchen bierseligen Rat ins Ohr geflüstert. „Es wurde gequalmt, getrunken und gegrölt. Im Sommer war es stickig, im Winter zu kalt, weil der Verein wieder einmal Heizkosten sparen wollte", erinnert sich Trulsen.

SCHLEMMEN IM LIGARAUM

In besonders guter Erinnerung hat Truller auch das hausgemachte Essen, das Brigitte liebevoll an jedem Heimspieltag vorbereitete und den Spielern nach dem Match im Ligaraum servierte. Gulasch, Nudeln, Kartoffelsalat mit Würstchen – Brigitte kochte sich quer durch den kulinarischen Garten und in die Herzen der Spieler. „Mein Lieblingsessen war immer Putengeschnetzeltes", sagt Truller. Einmal stand das gemeinsame Mannschaftsessen im Clubheim fast auf der Kippe: „Eckhard Krautzun hat in seinem Jahr als Trainer am Millerntor versucht, den Jungs einen Ernährungsplan aufzudrücken. Die sollten dann viel leichte Kost zu sich nehmen. Nach dem Spiel ist die Mannschaft aber trotzdem zu mir gekommen und hat ordentlich gegessen", schmunzelt Brigitte.

„SIE IST EINFACH SUPERHERZLICH, IMMER FÜR EINEN DA
UND VERKÖRPERT DEN VEREIN WIE KAUM JEMAND ANDERES"

Das alte Clubheim ist inzwischen Geschichte. 2007 wurde das Gebäude im Zuge des Stadionumbaus abgerissen. Doch auch wenn sich die Umstände ändern, die Liebe zum Club und zum Viertel ist bei beiden ungebrochen. „Der FC St. Pauli ist mein Herzverein und wird es auch immer sein", sagt André Trulsen, der dreizehn Jahre lang für die Kiezkicker gespielt und anschließend fünf Jahre als Co-Trainer am Millerntor gearbeitet hat. Seine Verbundenheit zum Verein ist nicht nur durch sportliche Erlebnisse entstanden. Es sind auch Menschen wie Brigitte, die sein Herz erobert haben: „Sie ist einfach superherzlich, immer für einen da und verkörpert den Verein wie kaum jemand anderes", so Truller.

BIRNEN, BOHNEN & SPECK

REZEPT NACH OMA SCHITTEKS ART

Kaum jemand kennt das typische Gericht der Hamburger Küche besser als Helga Schittek, die das Traditionsgericht seit rund achtzig Jahren kocht. Die 96-Jährige wohnt in einem der alten Kapitänshäuser an der Elbe und stammt aus einer Kaufmannsfamilie. Beim gemeinsamen Kochen begeistert uns nicht nur die herzliche Art der rüstigen Dame, sondern auch ein uns bis dahin unbekanntes Gerät, das bei der Zubereitung von Birnen, Bohnen und Speck zum Einsatz kommt: Oma Schitteks 120 Jahre alte Schnippelbohnenmaschine.

Nachdem wir einen ganzen Mittag mit der quirligen Hamburgerin verbracht haben, fragen wir sie, was sie eigentlich so fit hält: „Die Himmelsleiter", sagt sie. Noch immer steigt Helga Schittek die 126 Treppenstufen täglich rauf und runter.

ZUTATEN FÜR 4 PERSONEN

- 300 *gramm* DURCHWACHSENER GERÄUCHERTER SPECK
- 500 *gramm* KARTOFFELN
- 400 *gramm* SCHNIPPELBOHNEN
- 1 *Bund* BOHNENKRAUT
- 4 BIRNEN (AM BESTEN ABATE FETEL)
- SALZ
- PFEFFER AUS DER MÜHLE

Mit einem scharfen Messer die feste Schwarte vom Speck abtrennen. Danach diesen in einem Topf mit kaltem Wasser ansetzen und ca. dreißig Minuten auf kleiner Flamme köcheln lassen. In der Zwischenzeit die Kartoffeln schälen und in gesalzenem Wasser gar kochen.

Die Schnippelbohnen schneiden und zusammen mit dem Bohnenkraut etwa fünf Minuten mitköcheln lassen. Dann die Birnen halbieren, mit in den Topf geben und nochmals zehn Minuten ziehen lassen. Mit Salz und Pfeffer würzen, den weichen Speck in dünne Scheiben schneiden und beides in tiefen Tellern zusammen mit den Kartoffeln servieren.

DAS HERZ von ST. PAULI

Im [CAFÉE MIT HERZ] bekommen Bedürftige mehr als nur eine warme Mahlzeit. Der Laden gibt vielen Menschen am Rande der Gesellschaft ein Zuhause.

„In St. Pauli werden Menschen nicht ausgegrenzt. Das war schon immer so", sagt Margot Glunz. Sie ist Geschäftsführerin des „Cafée mit Herz – St. Paulis sozialer Hafen", einem Treffpunkt auf dem Gelände des ehemaligen Hafenkrankenhauses auf St. Pauli, das den armen, arbeits- und obdachlosen Menschen aus Hamburg als tägliche Anlaufstelle dient.

Das [CAFÉE MIT HERZ] gibt Hilfe zur Selbsthilfe, will Menschen den Glauben an ihr Leben und ihren Selbstwert wiedergeben. Aktive Unterstützung bei Behördenangelegenheiten, Beistand in persönlichen Krisensituationen, vertrauliche Beratung: Das Angebot ist breit gefächert. Und natürlich gibt es auch Essen: Frühstück und Mittagstisch. Die Nachfrage ist groß: 2012 wurden rund 105.000 Essen ausgegeben. Am Anfang des Monats werden rund 150 Frühstücke und 200 Mittagessen aufgetischt. Ab Mitte des Monats dann steigen die Zahlen rapide an, da den Hartz-IV-Empfängern das Geld ausgeht. Rund 79 Prozent der Gäste sind obdachlos, 65 Prozent bekommen kein Arbeitslosengeld. Um den großen Bedarf zu decken, ist das [CAFÉE MIT HERZ] auf Spenden angewiesen. Rund 12.000 Euro pro Monat braucht die Institution für die Deckung aller Kosten. Ohne die Hamburger Tafel, die viele Lebensmittel spendet, würde der Betrieb eingehen. Beliebt sind herzhafte Gerichte: deftige Eintöpfe, die Kraft und Wärme geben.

WIE SCHMECKT DENN DAS?

GUNTER GERLACH

SCHRIFTSTELLER
(„St.-Pauli-Weekend“ und
„Pauli, Tod und Teufel“ u. a.)

TRINKEN
MACHT…?

HEIMLICH ZU
McDONALD'S?

DEINE
MEINUNG ZUM
PROMI-DINNER?

WIE SCHMECKT
ST. PAULI?

DEIN BLICK ALS KIND,
WENN DIR DAS
**ESSEN GEKLAUT
WURDE?**

HAMBURGER SAURE SUPPE

AALSUPPE OHNE AAL

In der Annenstraße besuchen wir Hannelore Weskamp. Sie ist 64 Jahre alt und lebt seit fünfzehn Jahren auf St. Pauli. Warum sie genau hier wohnt und nirgendwo anders? „Auf St. Pauli kann jeder so sein, wie er will. Es ist lebendig und bunt, ein bisschen dreckig und es gibt Ecken und Kanten. Und es gibt den FC St. Pauli. Das gefällt mir alles und ich hoffe, dass es so bleibt. Es ist mein Zuhause und hier will ich nicht weg."

Hannelore kocht mit uns Saure Suppe, auch „Aalsuppe ohne Aal" oder „Verlorene Aalsuppe" genannt. Wann der Aalsuppe der Aal abhanden kam, weiß keiner so genau. Gerüchten zufolge enthielt selbst das ursprüngliche Rezept keinen Fisch. Der plattdeutsche Ausdruck „aal drin", also „alles drin", wurde ganz einfach fehlinterpretiert. Um die Erwartungen von Gästen der Stadt nicht zu enttäuschen, wurde der Suppe später tatsächlich Aal hinzugefügt. Aber auch ohne den Fisch schmeckt die Suppe ganz vorzüglich.

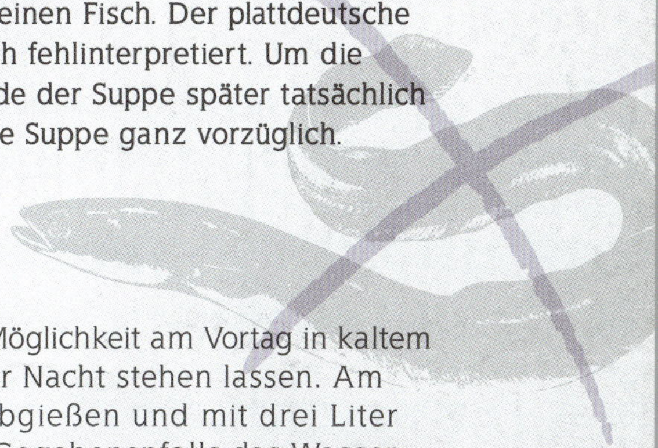

ZUTATEN FÜR 1 ORDENTLICHEN TOPF

- 1 SCHINKEN*knochen* (CA. 500-600 *gramm*)
- 750 *gramm* BACKOBST (BACKPFLAUMEN, GETROCKNETE BIRNEN, ÄPFEL & APRIKOSEN)
- 100 *gramm* ERBSEN (Z.B. PALERBSEN)
- ETWAS ÖL *zum Braten*
- 3 MÖHREN
- 1 KOHLRABI
- 1/2 *Knolle* SELLERIE
- 1/2 *Stange* LAUCH
- 2 *EL* WEINESSIG
- 50 *gramm* BUTTER
- 250 *ml* MILCH
- 500 *gramm* MEHL
- 1 EI
- MUSKATNUSS
- 3 PETERSILIEN*wurzeln*
- 1 *EL* TK-KRÄUTER
- 1 LORBEER*blatt*
- 2 GEWÜRZNELKEN
- SALZ
- 6 PFEFFER*körner*

Den Schinkenknochen nach Möglichkeit am Vortag in kaltem Wasser einweichen und über Nacht stehen lassen. Am nächsten Tag das Wasser abgießen und mit drei Liter frischem Wasser auffüllen. Gegebenenfalls das Wasser mehrfach erneuern, damit die Brühe nicht zu fettig wird. Dann alles erhitzen und ca. eine Stunde kochen lassen.

Das Backobst in einer Schüssel mit lauwarmem Wasser einweichen. Das Gemüse schälen und klein schneiden. Anschließend zu der Brühe dazugeben und weitere zwanzig Minuten köcheln lassen. Dann den Essig dazugeben.

Für die Klöße Butter und Milch zusammen aufkochen. Dann das Mehl unterheben und anschließend kurz abkühlen lassen. Im Anschluss daran das Ei untermischen und zu einem Teig verkneten. Mit Salz und Muskat würzen und mit den Händen kleine Klöße aus dem Teig formen. Die Klöße in die Suppe geben und weitere fünfzehn Minuten köcheln lassen, bis sie gar sind.

Das Backobst abtropfen lassen und zur Suppe hinzufügen. Die Petersilie klein hacken und zusammen mit den anderen Kräutern und den restlichen Gewürzen dazugeben. Anschließend den Schinkenknochen herausnehmen und das Fleisch in Stücke schneiden. Danach die Fleischwürfel wieder in die Suppe geben und warm servieren.

GULASCH & EROTIK

GULASCH, HÄHNCHEN, EINTOPF: IN [SUSIS SHOWBAR] GIBT ES UNGEAHNTE APPETITMACHER. UND DAS AUGE ISST NATÜRLICH MIT.

Susi Ritsch hat das Nachtleben auf St. Pauli geprägt wie kaum eine andere Frau. Die Inhaberin von [SUSIS SHOWBAR] in der Großen Freiheit bietet in ihrem Lokal seit 1979 anspruchsvolle Table Dance-Unterhaltung. Ihre Tänzerinnen gelten als die Besten von ganz St. Pauli. Von ihren Mitarbeitern und Gästen wird sie geschätzt für ihre lockere Art, ihren ansteckenden Humor und ihr großes Herz.

Dass sie auch eine hervorragende Köchin ist, wissen dagegen nur wenige. Dabei verwöhnt Susi ihre Tänzerinnen jeden Tag mit einem selbstgemachten Gericht. Wenn sie die Mahlzeiten nicht zu Hause vorbereiten kann, kocht sie eben im Lokal – gleich hinter der Theke, in einem 10-Liter-Topf auf einer Kochplatte direkt vor den Augen der Gäste. In der „kleinsten Küche der Welt" wird vor allem Deftiges serviert. „Wer gut arbeiten soll, muss auch gut essen", sagt Susi. Und gut heißt hier vor allem: scharf. Ihre Mädels dürfen sogar Essenswünsche äußern. Besonders beliebt ist das Paprika-Hähnchen.

Aber auch Susis Gulasch kann überzeugen: zartes Rindfleisch, mit reichlich Kümmel im Topf geschmort und scharf gewürzt – wer probiert, ist direkt Feuer und Flamme.

>> EROTIK UND GUTES ESSEN GEHÖREN ZUSAMMEN UND ERGEBEN EINE GANZ KNISTERNDE MISCHUNG <<

sagt Susi. Auch Gäste dürfen hin und wieder mal probieren. Sie sollten allerdings früh erscheinen, denn meist ist der Topf schnell leer.

BUTTER
Bei Die
FISCHE

FISH & CHIPS

KNUSPRIGER KABELJAU MIT SELBST GEMACHTEN POMMES

Zu diesem Nationalgericht der Briten hat Sven einen ganz persönlichen Bezug: „Schon als kleiner Junge hörte ich gespannt zu, wenn mein Vater – der alte Seebär – von seinen Reisen erzählte. Zum Beispiel vom Landgang in London: „Da müssen immer ein paar Penny überbleiben für eine fettige Tüte Fish & Chips in echtem Zeitungspapier", gab er mir zu verstehen. Statt zum Imbiss zu gehen, mache ich den leckeren Snack inzwischen aber lieber selbst".

ZUTATEN FÜR 4 PERSONEN

500 *gramm* KARTOFFELN
FRITTIERFETT ODER ÖL
2 EIER
150 *gramm* WEIZENMEHL
175 *ml* ASTRA
600 *gramm* FRISCHES KABELJAUFILET
SALZ

FÜR DIE ZITRONENMAYONNAISE

2 EIGELB (ZIMMERTEMPERATUR)
1 *Bio*-ZITRONE
250 *ml* PFLANZENÖL
SALZ
PFEFFER AUS DER MÜHLE

Die Kartoffeln schälen, dann in ca. 1,5 Zentimeter breite Scheiben und danach in Streifen schneiden. Die Kartoffelstreifen in kaltes Wasser legen, damit die überschüssige Kartoffelstärke entweichen kann. Anschließend Fett in einer Fritteuse oder in einem hohen Topf erhitzen und die Kartoffelstreifen kurz bei ca. 150 Grad eine Minute vorfrittieren, dann auf Küchenpapier gut abtropfen lassen.

Für die Zitronenmayonnaise die Eier trennen. Danach zwei Eigelb aufschlagen, die Zitrone auspressen und den Saft mit dem Eigelb mischen. Tröpfchenweise das Öl einrühren und mit Salz und Pfeffer abschmecken.

Die anderen beiden Eigelbe mit dem Mehl und dem Astra vermischen. Das Eiweiß schaumig schlagen und unter den Bierteig heben. Danach das Fischfilet salzen, mit einer Gabel durch den Bierteig ziehen und in heißem Fett ausbacken.

Jetzt die Kartoffelstäbchen erneut bei etwa 180 Grad knusprig frittieren. Zum Schluss die Pommes und das Fischfilet auf Küchenpapier kurz abtropfen lassen, auf einem Teller anrichten und zusammen mit der Zitronenmayonnaise servieren.

ADVANCED BASE

GEBEIZTER ORANGENLACHS

MIT FENCHEL UND TOMATEN

Lachs beizen ist nicht schwer. Zugedeckt mit frischen Kräutern, wird der Fisch über Nacht mariniert und am nächsten Tag mit lauwarmem Frucht-Gemüse angerichtet.

Wichtig ist die Qualität des Lachses: Am Besten vom Fischhändler beraten lassen und zu einem hochwertigen Produkt greifen. Für unser Rezept haben wir einen Lachs aus nachhaltiger Zucht in Schottland verwendet.

ZUTATEN FÜR 4 PERSONEN

FÜR DIE LACHSBEIZE

- LACHSFILET MIT HAUT *1 kg*
- 1 *Bio*-ORANGE
- 1 *Bund* GLATTE PETERSILIE
- 1 *Bund* DILL
- 1 *Bund* KORIANDER
- 70 *gramm* MEERSALZ
- 10 *gramm* ZUCKER
- 10 *gramm* WACHOLDER*beeren*
- 10 *gramm* KORIANDER*saat*
- 5 *gramm* WEIßE PFEFFER*körner*
- 80 *ml* OLIVENÖL
- 2 *cl* REISESSIG

FÜR DIE BEILAGE

- 2 *Bio*-ORANGEN
- 2 TOMATEN
- 2 *große* FENCHELKNOLLEN
- *etwas* OLIVENÖL
- 2 *EL* RAPSÖL
- KERBEL
- BUNTER PFEFFER AUS DER MÜHLE
- *etwas* LIMETTENSAFT

Für die Lachsbeize die Kräuter mit dem Messer grob zerschneiden. Die Orange waschen, schälen und die Schalen zur Beize geben. Eine kleine Tasse der Kräuter aufheben und den Rest mit den anderen Zutaten vermischen. Den Lachs mit der Hautseite nach unten auf ein Blech legen und die Marinade darüber geben. Ein zweites Blech auf den Lachs legen und zum Beschweren einen Topf darauf stellen.

Nach 24 Stunden den Lachs aus der Beize nehmen und mit kaltem Wasser abbrausen. Danach mit den restlichen gehackten Kräutern bestreuen. Als Nächstes die Orangen filetieren. Dafür zunächst das obere und untere Ende abschneiden und die restliche Schale rundherum abschälen. Dann an den weißen Trennhäuten entlang vorsichtig die einzelnen Filets herauslösen. Anschließend die beiden Tomaten über Kreuz einschneiden und zehn Sekunden in kochendem Wasser blanchieren. Die Haut und das Kerngehäuse der Tomaten entfernen und die Tomatenfilets in feine Streifen schneiden. Die Fenchelknollen in dünne Scheiben zerschneiden und in einer Pfanne mit etwas Olivenöl kurz anbraten. Dann das Fenchelgrün dazugeben.

Den Lachs in hauchdünne Scheiben schneiden und auf einen Teller legen. Den lauwarmen Fenchel mit Orange und Tomate mischen, mit dem Lachs anrichten und gezupften Kerbel darüber geben.

Um eine Vinaigrette herzustellen, Rapsöl, bunten Pfeffer und Limettensaft vermengen und tröpfchenweise über den Lachs geben.

DORADE IN DER SALZKRUSTE

KORIANDER, ZITRONENGRAS UND KAFFIRLIMETTEN GEBEN DEM FISCH EINEN ASIATISCHEN TOUCH

Im Mittelmeerraum gehört die Dorade zu den beliebtesten Speisefischen. Auch bei uns wird sie immer beliebter. Besondere Merkmale sind ihre goldfarbenen Flecken auf den Wangen und das goldene Band, das auf ihrer Stirn verläuft. Deshalb wird sie in Deutschland auch „Goldbrasse" genannt. Ihr Fleisch ist fest und grätenarm. Durch das schonende Garen in der Salzkruste wird es besonders zart und saftig. Unsere Dorade wird auf einem Bett aus frischem Koriander, Thai-Basilikum, Ingwer und Zitronengras gegart und bekommt dadurch einen feinen Asia-Geschmack.

ZUTATEN FÜR EINE DORADE

- 1 DORADE (CA. 500 *gramm*, KÜCHENFERTIG)
- 80 *gramm* INGWER
- 3 *Stangen* ZITRONENGRAS
- 1/2 *Bund* KORIANDER
- *etwas* THAI-BASILIKUM (ASIA-SHOP)
- 1 KAFFIRLIMETTEN*blätter* (ASIA-SHOP)
- CA. 1,5 *kg* GROBES MEERSALZ
- 1-2 *Bio*-LIMETTEN
- SCHWARZER PFEFFER AUS DER MÜHLE
- OLIVENÖL

Ingwer schälen und zusammen mit dem Zitronengras in grobe Scheiben schneiden. Kräuter hacken und mit den Ingwer- und Zitronengrasscheiben vermischen. Das Meersalz in einer Schüssel mit etwas Wasser vermengen.

Backpapier auf einem Backblech auslegen und einen Teil des Salzgemischs darauf verteilen. Ein kleines Kräuterbett auf das Salz legen und mit dem Rest die Dorade füllen. Mit dem restlichen Salz den gesamten Fisch bedecken und im vorgeheizten Ofen bei 200 Grad 25 Minuten garen. Danach mit einem Messer die harte obere Salzkruste entfernen und den Fisch filetieren.

Dazu eine Soße aus etwas frisch gepresstem Limettensaft, frisch gemahlenem schwarzem Pfeffer und etwas Olivenöl servieren. Als Beilage schmeckt zum Beispiel ein frischer Blattsalat.

GURKENFISCH

MIT KNUSPRIGEN SPECKKARTOFFELN UND ZITRONENBUTTER

Hält man den Stint unter die Nase, nimmt man sofort einen leichten Duft nach frischer Gurke wahr. Nur schmecken kann man ihn nicht: Der Fisch schmeckt nicht nach Gurke, sondern leicht nussig. Seinen Namen verdankt er trotzdem seinem Geruch. Er ist einer der wenigen Fische, die noch in der Elbe gefangen werden.

ZUTATEN FÜR 4 PERSONEN

1,2 *kg* FRISCHER STINT

1 *kg* FESTKOCHENDE KARTOFFELN

SALZ

2 *EL* KÜMMEL

100 *gramm* GERÄUCHERTER SPECK

2 *rote* ZWIEBELN

ÖL *zum Braten*

etwas ROGGENMEHL ZUM PANIEREN

FÜR DIE ZITRONENBUTTER

100 *gramm* BUTTER (SEHR KALT)

2 ZITRONEN

3 LORBEER*blätter*

SALZ

PFEFFER AUS DER MÜHLE

Zuerst die Stinte ausnehmen, waschen und trocken tupfen. Danach die Kartoffeln waschen und mit Salz und Kümmel bissfest kochen. Währenddessen den Speck in kleine Würfel und die Zwiebeln in feine Streifen schneiden.

Die lauwarmen Kartoffeln schälen, in dünne Scheiben schneiden und in Öl anbraten. Sobald sie leicht knusprig sind, den Speck und die Zwiebeln hinzufügen.

Die Stinte in Roggenmehl wenden, danach in der Pfanne so lange braten, bis sie knusprig sind. Anschließend auf Küchenpapier gut abtropfen lassen und salzen.

Für die Zitronenbutter die Zitronen auspressen und den Saft in einem Topf leicht erwärmen. Die Butter in kleine Würfel schneiden, zum Zitronensaft geben und mit einem Pürierstab mixen, bis eine homogene Soße entsteht.

Die Stinte und die Speckkartoffeln zusammen anrichten und die Soße über den Fisch geben.

DER LETZTE SEINER ART

DER STINT STEHT AUF DER SPEISEKARTE DEUTSCHER FISCHLIEBHABER NICHT GERADE GANZ OBEN. UNTER FEINSCHMECKERN GILT ER JEDOCH ALS GEHEIMTIPP UND ERLEBT SEIT EINIGEN JAHREN EINE RENAISSANCE – AUCH DANK ELBFISCHER WALTER ZEECK.

FISCHERBOOTE IM HAMBURGER HAFENBECKEN? Das kann man sich heute kaum mehr vorstellen. Doch noch Anfang des 19. Jahrhunderts war das Hafenbecken das größte Binnen-Süßwasser-Delta Europas – und ein entsprechend beliebter Fangplatz für Fischer. Da gab es im Hafenbecken teilweise mehr als hundert Fischerboote.

Damals war der Stint ein Massenfisch: „Als mein Vater jung war, wurde in Hamburg in jeder Kneipe und jeder Kantine Stint gebraten", erinnert sich Walter Zeeck. Der Kapitän und Fischwirtschaftsmeister mit dem norddeutschen Akzent ist ein Gentleman der alten Schule – und seit 1964 Berufsfischer.

Seit seinem zwölften Lebensjahr geht er auf Fischfang und gilt heute als einer der letzten echten Elbfischer. Die östliche Anhöhe des Geesthanges am rechten Elbufer, oberhalb der St. Pauli-Landungsbrücken und unweit des Bismarckdenkmals, wurde damals eigens „Stintfang" getauft. Doch die Fischerei hatte bald keinen Platz mehr im Hafen. Als in den 1930er Jahren die Industrie in den Hafen zog, veränderte sich alles. Der Fisch schmeckte bald stark nach Phenol und wurde ungenießbar. Später schwand der Fischbestand nahezu vollständig – und den Fischern machte man mit harten Auflagen das Leben schwer.

Die Hamburger Fischerfamilie Zeeck hat diesen Wandel miterlebt. „Mein Vater wohnte damals noch in Altona. Als das Fischen vor St. Pauli unmöglich wurde, zogen wir weiter", erzählt Walter Zeeck. Bereits in der fünften Generation fischen die Zeecks auf der Elbe. Die Familie wanderte elbabwärts über Altenwerder bis nach Geversdorf in der Region Oste-Unterelbe. Dort wohnen sie heute direkt am Wasser: „Wie sich das für einen Fischer gehört", sagt der 64-jährige, der seit Jahrzehnten an der Spitze der Aktiven im Kampf gegen Naturzerstörung und Umweltvergiftung an Elbe und Oste steht.

UMWELTSCHONENDER FISCHFANG

Die Stint-Saison beginnt im November. Dann wandert der kleine Fisch wie alle Lachsfische zum Laichen aus dem Meer die Flüsse hinauf. Dort muss sich der Fisch in der Elbmündung erst noch einige Wochen an das Süßwasser gewöhnen, bevor er im Frühjahr und mit steigender Wassertemperatur die Elbe hinauf schwimmt.

Während der Stint-Saison fahren die Zeecks auf die Elbe und spannen ihre Netze aus. Bis zu drei Monate leben sie dann auf ihrem Kutter „Ostetal". Der zwanzig Meter lange, hellblaue Kutter ist seit fast dreißig Jahren die Elbheimat der Fischerfamilie. Das Boot hat keine Schleppnetze, sondern sogenannte Hamen – das sind Netze, die beidseitig vom Schiff in der Strömung verankert werden.

Die verwendeten Hamen sind etwa achtzig Meter lang. Damit wird auf traditionelle Art gefischt. „Wir schleppen die Netze nicht durchs Wasser, sondern lassen die Strömung für uns arbeiten. Ebbe und Flut treiben die Fische ins Netz", sagt der erfahrene Fischer. Das ist nicht nur kräftesparend, sondern schont auch die Umwelt. Denn der Hauptmotor wird während der Fangzeit abgeschaltet. Jeden Tag fängt er im Bereich Brunsbüttel-Cuxhaven zwischen 500 und 1.000 Kilogramm der Fischdelikatesse in seinen Maschen.

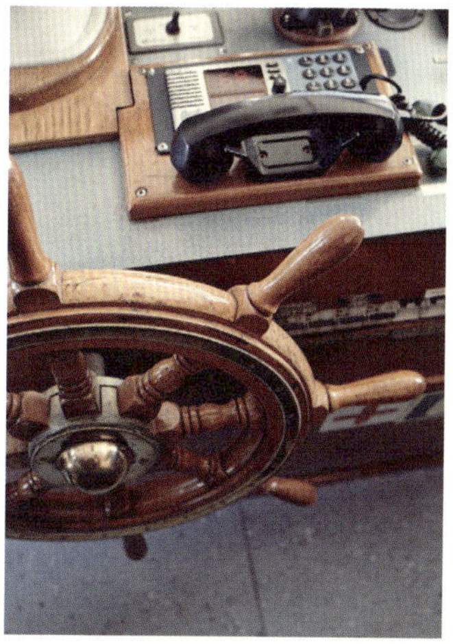

Neben dem Stint fängt Zeeck auch andere Fische – vor allem Butt und Aal sowie Zander, Lachs und Kabeljau. Auf die Stint-Kultur in Hamburg aber ist er ganz besonders stolz. Seinen Fang transportiert Zeeck lebend in der „Bünn" – einem fest im Schiff eingebauten Wasserkasten, der ständig von außen mit Frischwasser durchspült wird. Alle zwei Tage legt er mit seinem Fischkutter an und verkauft den lebenden Stint an Privatleute ebenso wie an Fischhändler und Restaurants. Früher hat er mit seinem Kutter auch direkt am Fischmarkt auf St. Pauli angelegt. Heute ist das leider nicht mehr möglich. Trotzdem kann man Zeecks Fisch heute nach wie vor auf dem Fischmarkt erstehen. Bei den Zeecks kommt mindestens vier Mal in der Woche Fisch auf den Tisch. Am liebsten mag Walter Zeeck gekochten Butt, serviert mit etwas Butter und Petersilie. Aber auch Stint wird natürlich viel gegessen. Der Fisch, dessen Geruch an frische Gurken erinnert, kann auf verschiedene Arten zubereitet werden. Das Rezept ist denkbar einfach: Die frischen Fische werden nur in Mehl gewendet und mit wenig Pfeffer und Salz in Butter goldbraun gebacken. Serviert wird der Stint in der Regel im Dutzend und mit einer Schale Zitronenwasser für die Hände – denn der Stint wird mit den Fingern und mitsamt Gräten gegessen.

ELBBUTT À LA WALTER ZEECK

POCHIERTER BUTT AN KARTOFFELN UND HELLER SOßE

Bei der gemeinsamen Tour auf seinem Kutter, hat uns Walter Zeeck sein Lieblingsgericht verraten: pochierten Butt mit etwas Butter und Petersilie. Ganz nach seinem Geschmack liefern wir hier das passende Rezept dazu.

Besser bekannt ist der Fisch unter dem Namen Flunder. Kommt er aus der Nordsee, wird er jedoch Butt genannt. Neben salzigem Meerwasser verträgt er aber auch Süßwasser und hält sich gerne in Flussmündungen auf. Manchmal zieht er die Flüsse hinauf. Dann wird er, je nach seinem Fangort, zum Beispiel Elbbutt oder Weserbutt genannt. Walter Zeeck ist natürlich ein frischgefangenes Exemplar aus der Elbe am liebsten.

ZUTATEN FÜR 4 PERSONEN

1,4 *kg* ELBBUTT (KÜCHENFERTIG)
5 WACHOLDER*beeren*
3 LORBEER*blätter*
10 PFEFFER*körner*
ZUCKER
etwas REISESSIG
1 *Bund* PETERSILIE
1 *Bund* DILL
800 *gramm* KARTOFFELN
100 *gramm* MEHL
100 *gramm* BUTTER
50 *ml* SAHNE
2 *Bio*-ZITRONEN
SALZ

Um einen Fond zum Pochieren des Fisches anzusetzen, eine Kasserolle mit Wasser füllen, Wacholderbeeren, Lorbeerblätter und Pfefferkörner dazugeben und mit Salz, Zucker und Reisessig süßsauer abschmecken. Anschließend die Flüssigkeit fünf Minuten sieden lassen. Danach noch ein paar Stängel Petersilie und Dill dazugeben und mitziehen lassen.

Die Kartoffeln schälen und in Salzwasser kochen, bis sie gar sind. Währenddessen den Butt in den Fond legen und etwa sechs Minuten auf kleiner Flamme gar ziehen lassen. Danach den Fisch entnehmen und warm halten.

Mit Mehl und Butter eine klassische Mehlschwitze herstellen. Diese dann mit dem Fond aufgießen, bis eine sämige Soße entsteht. Danach noch fünf Minuten auf kleiner Flamme durchkochen lassen. Zum Schluss mit der Sahne verfeinern. Anschließend durch ein feines Sieb geben. Zuletzt Petersilie und Dill fein hacken und zu der Soße geben.

Den Fisch und die Kartoffeln mit der Soße zusammen auf einem Teller anrichten und mit Zitronenscheiben garnieren.

KÖNIGSBERGER KLOPSE VOM KABELJAU

MIT ROTEN UND GELBEN MÖHREN

Neben Klopsen aus Kabeljau machen bunte Möhren dieses Rezept aus. Sie sind die Ur-Ahnen der gängigen orangenen Karotte und wurden schon in der Steinzeit angebaut. Die Möhren besaßen damals eine rote, violette oder schwarze Farbe. Erst im 17. Jahrhundert wurden schwarze mit gelben holländischen Möhren gekreuzt und es entstand daraus die uns bekannte orangene Karotte. Ihre bunten Ahnen erfreuen sich jetzt wieder einer gestiegenen Beliebtheit: Süß im Geschmack und biologisch angebaut, erleben sie als Beta Sweet Möhren ihr Revival.

ZUTATEN FÜR 4 PERSONEN

720 *gramm* KABELJAUFILET
100 *gramm* PANIERMEHL
3 SCHALOTTEN
etwas ZUCKER
etwas REISESSIG
5 LORBEER*blätter*
4 *gelbe* MÖHREN
4 *rote* MÖHREN
100 *gramm* BUTTER
250 *gramm* LANGKORNREIS
50 *gramm* MEHL
150 *ml* SAHNE
1 *kleines* GLAS KAPERN
ESTRAGON
KERBEL
SALZ
PFEFFER AUS DER MÜHLE

Den Kabeljau in feine Würfel schneiden und mit Salz und Pfeffer würzen. Paniermehl dazugeben und alles locker mit den Händen durchkneten. Aus der Masse kleine Klopse von ca. 60 Gramm formen.

Als nächstes die Schalotten schälen. Einen großen Topf mit Wasser füllen und mit Salz, Zucker und Reisessig süß-sauer abschmecken. Lorbeerblätter und Schalotten mit dazugeben.

Danach die Möhren schälen und in Scheiben schneiden. 50 Gramm Butter in einem Topf auslassen und die Möhren darin garen. Mit Salz und Pfeffer würzen. Den Langkornreis nach Packungsanleitung kochen.

Die Klopse in den Gewürzsud geben und bei siedendem Wasser garen. Sobald sie an der Oberfläche schwimmen, aus dem Sud nehmen. Die restliche Butter in einem Topf auslassen, mit 50 Gramm Mehl bestäuben und nach und nach mit dem Gewürzfond und Sahne auffüllen. Die Soße etwa zwanzig Minuten auf kleiner Flamme einkochen lassen. Danach die Soße durch ein Sieb passieren und mit Kapern, Salz und Zucker abschmecken.

Die Klopse und den Langkornreis zusammen mit den Möhren auf einem Teller anrichten und mit frischem Kerbel und Estragon bestreuen.

GARNELENBURGER

MIT SESAM-MÖHREN UND ZITRONEN-MAYONNAISE

Burger mal anders - mit Fischbulette aus feinen Garnelen und Kabeljaufilet im würzigen Currybrötchen. Garniert mit marinierten Möhren und Koriander, schmeckt der Burger nicht nur besonders lecker, sondern ist dabei auch noch fettarm und eiweißreich.

ZUTATEN FÜR 4 BURGER

- 4 HAMBURGER BUNS (SIEHE REZEPT S. 66)
- RÖSTZWIEBELN
- CURRYPULVER
- 2 MÖHREN
- ZUCKER
- *etwas* REISESSIG
- 1 *Bund* KORIANDER
- 400 *gramm* GESCHÄLTE GARNELEN
- 240 *gramm* KABELJAUFILET
- 2 EIER
- SESAMÖL
- *etwas* MEHL (Z.B. PANKO)
- SALZ
- PFEFFER AUS DER MÜHLE

FÜR DIE ZITRONENMAYONNAISE

- 2 EIGELB (ZIMMERTEMPERATUR)
- 1 *TL* SENF
- 250 *ml* PFLANZENÖL, ZIMMERTEMPERATUR
- 1 *Bio*-ZITRONE
- SALZ

Die Hamburger Buns nach Rezept zubereiten. Für diese Variante den Sesam weglassen und die Brötchen statt mit Sesam mit Röstzwiebeln und Currypulver bestreichen.

Die Möhren schälen und in feine Streifen schneiden. Danach dreißig Minuten in Zucker, Reisessig und Sesamöl einlegen. Den Koriander mit kaltem Wasser abbrausen, die Blättchen abzupfen und zunächst beiseite stellen.

Für die Zitronenmayonnaise zwei Eier trennen. Die Eigelbe mit Senf vermengen und unter ständigem Rühren tröpfchenweise in das Öl dazugeben. Die Mayonnaise mit Zitronensaft und Salz abschmecken.

Anschließend die Garnelen und den Kabeljau fein hacken. Zwei Eier dazugeben und zu einer Bulette verkneten. Mit Salz, Pfeffer und etwas Sesamöl würzen und in Mehl panieren. Danach die Fischbuletten in heißem Öl von beiden Seiten gut anbraten. Die Brötchen aufschneiden und mit der knusprigen Fischbulette, den marinierten Karotten und einzelnen Korianderblättchen belegen. Zum Schluss mit der selbstgemachten Zitronenmayonnaise bestreichen, reinbeißen und genießen.

kleine FISCH-KUNDE

//KABELJAU

VERBREITUNGSGEBIET: *Nordatlantik und Nordpolarmeer, Ostsee (Dorsch)*

DURCHSCHNITTSGRÖẞE: *60 Zentimeter*

DURCHSCHNITTSGEWICHT: *ca. 2,5 Kilogramm*

BESONDERHEIT: *die Leber des Fischs liefert den vitaminreichen Lebertran*

//ZANDER

ART: *Süßwasserfisch, lebt in großen Flüssen und Seen*

VORKOMMEN: *Mittel- und Osteuropa bis Kaspisches Meer*

DURCHSCHNITTSGRÖẞE: *40 bis 80 Zentimeter lang*

//BUTT (auch Elbbutt oder Flunder genannt)

ART: *Plattfisch aus den Küstengewässern Europas*

DURCHSCHNITTSGRÖẞE: *20 bis 35 Zentimeter*

VORKOMMEN: *lebt in Brackwasser und gräbt sich in Tiefen von bis zu 100 Metern in den Sand ein*

BESONDERHEIT: *kann sich der Farbe des Untergrunds anpassen*

// STINT

VORKOMMEN: *europäische Küstengewässer, Nord- und Ostsee*

GRÖẞE: *max. 30 Zentimeter lang, Elbstinte bis ca. 20 Zentimeter*

BESONDERHEIT: *sein Geruch erinnert an frische Gurken*

// DORADE (auch Goldbrasse genannt)

HERKUNFT: *Mittelmeer*

MARKTGRÖẞE: *bis 70 Zentimeter lang*

GEWICHT: *bis 2,5 Kilogramm*

BESONDERHEIT: *weißes, festes und mageres Fleisch*

// HERING

VERBREITUNGSGEBIET: *Nord- und Ostsee, Nordatlantik*

GRÖẞE: *bis zu 40 Zentimeter lang*

BESONDERHEIT: *knapp 60 verschiedene Heringsarten*

// LACHS

VORKOMMEN: *Nord- und Ostseegebiet, Nordatlantik und Nordpazifik*

DURCHSCHNITTSGEWICHT: *3 bis 4 Kilogramm*

BESONDERHEIT: *ernährt sich vor allem von Krebstieren, die den Geschmack und die rötliche Farbe des Fisches beeinflussen*

FISCHAUKTIONEN

Der Hamburger Fischmarkt ist legendär. Seit 1703 wird hier so ziemlich alles verhandelt, was nicht niet- und nagelfest ist. Mehr als 70.000 Frühaufsteher und Nachtschwärmer besuchen Hamburgs traditionsreichsten Markt jeden Sonntag.

Die tollsten Hechte vom Kiez gibt es aber woanders – das behaupten zumindest die Verkäufer der Fischmarkt Hamburg-Altona GmbH. Von Montag bis Samstag finden hier zwischen 3 Uhr und 7 Uhr Frischfisch-Auktionen statt. Einen Haken gibt es aber: Der Zutritt ist leider nur Groß- und Einzelhändlern sowie Gastronomen mit entsprechendem Ausweis gestattet.

AM FLEISCHERHAKEN

BESOFFENER HAHN

BIERHUHN MIT ASTRA UND WÜRZIGER MARINADE

Das perfekte Gericht für Grillpartys und laue Sommerabende, mit jeder Menge saftigem Fleisch und einem Extraschuss Bier. Unserer Abwandlung vom klassischen Bierhuhn verleihen Sternanis und Kardamomkapseln eine exotische Note. Orangen- und Zitrusschalen sorgen für ein fruchtiges Aroma, Curry- und Chilipulver machen unseren besoffenen Hahn besonders scharf.

ZUTATEN FÜR 1 BESOFFENEN HAHN

1 FREILAND *Hahn* CA. 1,5 *Kilo*
1 *Dose* ASTRA (0,5 L)
1 *Bio*-ZITRONE
1 *Bio*-ORANGE
2 STERNANIS
GRÜNER KARDAMOM } 5 *Kapseln*

FÜR DIE MARINADE

1 *weiße* ZWIEBEL
2 *EL* TOMATENKETCHUP (AM BESTEN BIO)
1 *EL* PAPRIKAPULVER
1 *TL* CURRYPULVER
1 *EL* ZUCKER
2 *EL* BALSAMICOESSIG
1 *EL* MEERSALZ
5 *EL* OLIVENÖL
gemahlener PFEFFER

Die Zwiebel in sehr feine Würfel schneiden. Alle Zutaten für die Marinade in einer Schüssel vermischen und den Hahn von innen und außen marinieren.

[TIPP] Für einen bestmöglichen Geschmack den Hahn schon einen Tag zuvor marinieren und über Nacht im Kühlschrank lassen.

Den Hahn eine Stunde bevor es los gehen soll aus dem Kühlschrank holen. Astra Dose öffnen und erst mal einen kräftigen Schluck trinken! Die Zitrone und die Orange waschen und schälen. Danach die Schalen zusammen mit dem Sternanis und den Kardamomkapseln in die Dose geben.

Anschließend den Hahn darauf setzen und 1,5 Stunden bei 130 Grad im vorgeheizten Ofen garen. Die letzten zehn Minuten die Temperatur auf 180 Grad erhöhen, damit die Haut schön knusprig wird.

Danach den Hahn kurz abkühlen lassen und knusprig servieren.

URTYP

A
ST. PAULI LIEBT DICH

SCHARFE PARTY-BULETTEN

FLEISCHBÄLLCHEN MIT KOKOSFLOCKEN, KAFFIRLIMETTEN UND CURRY

Noch keine Idee für die nächste Party? Die scharfen Buletten mit exotischer Kokos-Limetten-Note heizen den Gästen dank einer ordentlichen Menge rotem Curry so richtig ein. Besonders lecker ist auch der hausgemachte Ketchup.

ZUTATEN FÜR EINE GROßE PARTY/40 ST.

180 *gramm* REIS
1,2 *kg* SCHWEINEHACK
40 KAFFIRLIMETTEN*blätter**
60 *gramm* KOKOSRASPELN
50 *gramm* ROTE CURRYPASTE*
30 *gramm* ZUCKER
10 *gramm* PAPRIKAPULVER
30 *ml* FISCHSOßE*
1 *EL* BUTTERSCHMALZ

FÜR DEN KETCHUP

500 *gramm* TOMATEN
150 *gramm* GEWÜRFELTE SCHALOTTEN
150 *gramm* GEWÜRFELTE *weiße* ZWIEBELN
250 *ml* HELLER BALSAMICOESSIG
100 *ml* APFELESSIG
250 *gramm* CHERRYTOMATEN
3 LORBEER*blätter*
2 *Zweige* FRISCHER THYMIAN
KORIANDER*saat*
MEERSALZ
HONIG
EVTL. *etwas* WEIZENSTÄRKE

*ZUTATEN AUS DEM ASIA-SHOP

Zunächst den Reis kochen. Anschließend den gekochten Reis zusammen mit den restlichen Zutaten in einer Schüssel vermengen und mit den Händen kleine Bällchen formen. Dafür die Hände mit kaltem Wasser befeuchten, damit der Fleischteig nicht an den Händen kleben bleibt.

In jedes Fleischbällchen ein Kaffirlimettenblatt stecken und die Bällchen im vorgeheizten Backofen bei 175 Grad ca. zwanzig Minuten garen.

Für den Ketchup zunächst die Tomaten über Kreuz einritzen, überbrühen und enthäuten. Dann die Schalotten und Zwiebeln in einem Topf glasig anschwitzen und mit Balsamico und Apfelessig ablöschen. Die Tomaten und die Cherrytomaten dazugeben und mit Lorbeerblättern, Koriandersaat und Thymian abschmecken. Auf kleiner Flamme eine Stunde einkochen lassen.

Anschließend die Tomatenmasse pürieren und danach durch ein grobes Sieb geben. Mit Honig und Salz abschmecken und eventuell mit etwas Weizenstärke abbinden.

ZUTATEN FÜR 4 BUNS

250 *ml* MILCH

1/2 *Würfel* FRISCHE HEFE (24 *gramm*)

40 *gramm* BUTTER

1 *TL* SALZ

20 *gramm* ZUCKER

600 *gramm* MEHL (TYPE 405)

1 EI

1 EIGELB

SESAM

Zunächst die Milch erhitzen und anschließend kurz abkühlen lassen, bis sie lauwarm ist. Dann die Milch mit Hefe vermischen und gut verrühren, bis sich die Hefe auflöst. Die Butter, das Salz, den Zucker und das Mehl vermischen, danach das Hefe-Milch-Gemisch dazugeben. Die Masse mit den Händen kneten und zu einem geschmeidigen Teig verarbeiten. Dann den Teig abgedeckt an einem warmen Ort 45 Minuten gehen lassen.

Den Teig kurz durchkneten und zugedeckt noch einmal 45 Minuten gehen lassen. Danach auf einer leicht bemehlten Arbeitsfläche ca. 1,5 cm dick ausrollen. Dann mit einer Tasse vier Kreise ausstechen und diese abgedeckt zwanzig Minuten gehen lassen. Das Ei mit dem Eigelb vermischen und die Teigkreise mit dem Eigemisch bestreichen. Den Ofen auf 200 Grad vorheizen und die Brötchen auf einem mit Backpapier belegten Blech etwa fünfzehn Minuten backen. Nach Belieben noch mit etwas geröstetem Sesam bestreuen.

-Hamburger- HAMBURGER

DER KLASSIKER MIT RINDERHACK UND BACON

ZUTATEN FÜR 4 BURGER

- 4 *fertige* BUNS
- 640 *gramm* RINDERHACK
- SALZ
- 2 TOMATEN
- 1 *kleine* GURKE
- 1 *halber Kopf* EISBERGSALAT
- 1 *rote* ZWIEBEL
- 125 *gramm* BACON
- TOMATENKETCHUP (AM BESTEN BIO)

Das Rinderhack mit einer guten Prise Salz verkneten, in vier Portionen à ca. 160 Gramm teilen und daraus klassische Pattys formen. Tomaten, Gurke und Salat waschen und in Scheiben schneiden. Die Zwiebel in Ringe schneiden. Den Speck bei 200 Grad im Ofen sechs Minuten knusprig backen.

Eine Grillpfanne heiß werden lassen und die Pattys von beiden Seiten medium grillen. Die Hamburger Buns in der Mitte aufschneiden und jeweils die untere Hälfte mit Ketchup bestreichen. Dann mit dem geschnittenen Eisbergsalat, jeweils drei Gurkenscheiben, einer Tomatenscheibe, Zwiebelringen, einem gegrillten Patty und dem knusprigem Bacon belegen.

LUCKY
ROSE OF

SVENS CURRYWURST

GEHT IMMER – SCHMECKT IMMER

Sie ist schon mehr als sechzig Jahre alt und noch immer der beliebteste Imbiss der Deutschen. Und das trotz zunehmender Konkurrenz auf dem Fast Food Markt durch Döner, Burger & Co. Kaum zu glauben: Die Deutschen verzehren 800 Millionen Currywürste im Jahr! Der Verkaufsschlager vom Imbiss lässt sich schnell und einfach auch Zuhause zubereiten. Wir zeigen, wie es geht.

4 EINHEITEN WURSTHUNGER

4 *Curry* GRILLWÜRSTE
getoastetes BROT

FÜR DIE SOßE

1 *kg* FRISCHE STRAUCHTOMATEN
8 SCHALOTTEN
etwas ÖL ZUM BRATEN
1 KNOBLAUCH*zehe*
3 *EL* TOMATENMARK
50 *ml* BALSAMICO
1 *kleine Stange* ZIMT
1 *TL* SALZ
120 *gramm* ZUCKER
40 *gramm* GELBES CURRYPULVER
20 *gramm* PAPRIKAPULVER
5 *gramm* CHILIPULVER
etwas HONIG
WEIßER PFEFFER

Für die Soße zunächst die Schalotten schälen, in Ringe schneiden und in Öl anbraten, bis sie glasig werden. Geschnittenen Knoblauch und Tomatenmark hinzufügen und mit Balsamico ablöschen.

Als nächstes die Tomaten über Kreuz einritzen und zwanzig Sekunden in kochendem Wasser blanchieren. Anschließend die Haut und den Strunk entfernen. Nun die Tomaten und alle restlichen Zutaten zu der Soße geben und eine Stunde auf kleiner Flamme kochen lassen.

Die gekochte Tomatensoße mit einem Pürierstab mixen. Die Currywürste einschneiden, in einer Pfanne braten und mit der Soße und dem getoasteten Brot anrichten.

Zum Schluss noch frisches Currypulver drüber – ***fertig!***

FLYSCHESLUST AM PFERDEMARKT

„SECHS AUFRECHTE ST. PAULIANER, OFFEN UND KOLLEKTIV GLÜCKLICH“ – SO LAUTET EINE SELBSTBESCHREIBUNG VON **LE FLY**.

Die sechsköpfige Band vereint Rock, Hip Hop, Reggae, Metal, Funk, Ska und Klezmer zu einer besonderen Mischung: der „St. Pauli Tanzmusik“. Beim Essen zeigt sich die Band weniger experimentierfreudig – und wählt zielstrebig einen Besuch im **[iMBiSS BEi SCHORSCH]**. Im schlauchartigen Laden am Pferdemarkt, auch „das schmale Handtuch“ genannt, gibt es Curry- und Bratwurst, Schaschlik und Kartoffelsalat – fertig. Dass **LE FLY** auch damit stilsicher die richtige Wahl getroffen haben, bestätigen die Kritikermeinungen. Die Financial Times etwa schrieb einst: „Mag ja sein, dass die Currywurst in Berlin erfunden wurde. In Hamburg jedenfalls gibt es die Beste der Welt, und zwar im Imbiss bei Schorsch. Der hausgemachte Ketchup ist unschlagbar.“

WIE SCHMECKT DENN DAS?

LE FLY

Olli (Gesang) und Habichtjunge (Gitarre),
BAND AUS ST. PAULI „mit Neigung zu
hyperaktivem Unterhaltungs-Extrem“

LABSKAUS
ZUM FRÜHSTÜCK?

GENIEßER
ODER HEKTIKER?

TRINKEN
MACHT ...?

WIE SCHMECKT
ST. PAULI?

WIE GUCKST DU,
WENN DU RICHTIG
HUNGRIG BIST?

GEGRILLTES T-BONE-STEAK

MIT RAUSCHPFEFFER UND GRÜNEN BOHNEN

Der bengalische Pfeffer, auch langer Pfeffer oder Rauschpfeffer genannt, stammt aus Indien. In hoher Dosierung wird ihm eine berauschende Wirkung nachgesagt. Daher kommt auch sein Name. Doch keine Sorge: Mehr als ein Geschmacksrausch ist als Nebenwirkung unseres Rezeptes nicht zu befürchten.

ZUTATEN FÜR 4 FLEISCHFANS

1 *T-Bone*-STEAK (CA. 700 *gramm*)
ÖL *zum Braten*
150 *gramm* GRÜNE BOHNEN
5 *Zweige* BOHNENKRAUT
2 SCHALOTTEN
100 *gramm* BUTTER
2 *Stangen* LANGER (BENGALISCHER) PFEFFER
MEERSALZ
frischer ROSMARIN

Das T-Bone-Steak von beiden Seiten je zwei Minuten bei starker Hitze im heißen Öl anbraten. Den Pfeffer mit der flachen Messerseite oder im Mörser zerstoßen. Dann das Steak aus der Pfanne nehmen und mit dem zerkleinerten Pfeffer und dem Meersalz würzen. Danach das Fleisch bei achtzig Grad im vorgeheizten Backofen vierzig Minuten garen lassen.

Die Bohnen in drei Zentimeter große Stücke schneiden und mit Bohnenkraut blanchieren. Dafür beides zusammen kurz in heißem Wasser kochen und anschließend in Eiswasser abschrecken.

Die Schalotten in Würfel schneiden und in einer Pfanne mit Butter anbraten, bis sie glasig sind. Anschließend die Bohnen hinzufügen. Das T-Bone in schäumender Butter nachbraten, noch einmal abschmecken und mit gehackten Rosmarinnadeln würzen. Dann die Bohnen zusammen mit dem Fleisch servieren.

VOLLE FLANKE

MARINIERTES RINDERSTEAK MIT RADIESCHEN UND ZWIEBELN

Flanksteak, auch Bavette genannt, ist besonders zart und aromatisch. Es ist ein Stück vom Bauchlappen des Rindes, aus dem unteren Rippenbereich unterhalb des Filets. Weil es sehr mager und geschmacksintensiv ist, haben wir uns für dieses Stück Fleisch entschieden.

ZUTATEN FÜR EINE VOLLE FLANKE

350 *gramm* FLANKSTEAK VOM RIND
OLIVENÖL *zum Braten*
1 *rote* ZWIEBEL
4 RADIESCHEN
50 *gramm* BUTTER
einige Zweige GLATTE PETERSILIE

FÜR DIE WÜRZMISCHUNG

MEERSALZ
grob gemahlener SCHWARZER PFEFFER
1 *Msp* CHILIPULVER
1/2 *TL* PAPRIKAPULVER
1/2 *TL* BRAUNER ZUCKER
frischer ROSMARINZWEIG

Den Rosmarin waschen, einige Nadeln abzupfen und klein hacken. Die Gewürze mit dem Zucker und dem Rosmarin vermischen. Danach das Steak mit etwas Olivenöl einreiben und mit der Gewürzmischung marinieren.

Die Grillpfanne sehr heiß werden lassen. Das Fleisch von jeder Seite etwa zwei Minuten in der Pfanne scharf anbraten und danach auf einem offenen Rost im vorgeheizten Ofen bei 80 Grad fünfzehn Minuten garen.

In der Zwischenzeit eine rote Zwiebel schälen und würfeln, Radieschen waschen und klein schneiden. 50 Gramm Butter in der Pfanne aufschäumen und die Radieschen und Zwiebel ca. zwei Minuten darin andünsten. Anschließend etwas gehackte Petersilie hinzugeben. Mit etwas Meersalz abschmecken und das fertige Steak damit beträufeln.

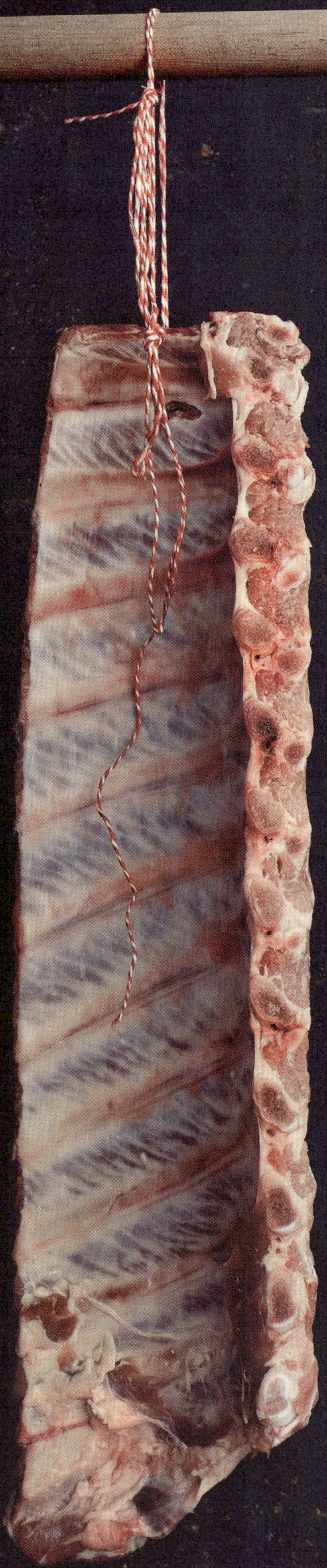

SPARERIBS

JEDE MENGE SAFTIGES FLEISCH IN FRUCHTIG-FEURIGER BARBECUESAUCE

Fleisch satt - da schlagen Männerherzen höher. Zu einem echten Barbecue gehören knusprige Spareribs einfach dazu.

ZUTATEN FÜR 4 PERSONEN

- 3 *kg* LEITERRIPPCHEN VOM *Bio*-SCHWEIN
- MEERSALZ

FÜR DIE BARBECUESAUCE

- 1 *Dose* GESCHÄLTE TOMATEN
- 0,3 *l* APFELSAFT
- 10 *EL* APFELESSIG
- 10 *EL* HELLE SOJASAUCE
- 5 *TL* WORCESTERSAUCE
- 2 KNOBLAUCH*zehen*
- 4 *TL* CHILIPULVER
- SCHWARZER PFEFFER AUS DER MÜHLE

Die Rippchen mit reichlich Meersalz von beiden Seiten würzen und im Ofen auf einem mit Backpapier belegtem Blech bei 110 Grad ca. 2,5 bis drei Stunden garen. Dabei jede Stunde einmal wenden.

Während der Garzeit die BBQ-Sauce zubereiten: Dazu die Tomaten zerkleinern und zusammen mit dem Apfelsaft, dem Apfelessig, der Soja- und der Worcestersauce in einen Topf geben. Alles gut verrühren und etwa dreißig Minuten auf kleiner Flamme köcheln lassen. Den Knoblauch schälen, in kleine Würfel schneiden, zur Soße hinzufügen und diese weitere fünf Minuten köcheln lassen. Anschließend mit etwas Chilipulver und Pfeffer abschmecken.

Die gegarten Rippchen mit etwas BBQ-Sauce bestreichen und nochmals acht Minuten bei 180 Grad im Ofen garen. Dann servieren.

& PATTESON
SMOKY
PEPPER
SWAFFHAM
AM FLEI SCHER HAKEN

MEAT ME IN ST. PAULI

TIERMÄRKTE, SCHLACHTHÖFE, WURSTFABRIKEN: ST. PAULI HAT BEI DER FLEISCHPRODUKTION EINE LANGE TRADITION. BIS HEUTE IST HIER EINER DER GRÖẞTEN FLEISCHHANDELSPLÄTZE EUROPAS BEHEIMATET.

Auch wenn es heute kaum noch vorstellbar ist, war das Heiligengeistfeld – dort, wo heute der Hamburger Dom mit Zuckerwatte und Riesenrad seine Besucher anlockt – von 1862 bis 1887 ein öffentlicher Marktplatz für Rinder und Schafe. Zunächst wurde unter freiem Himmel gehandelt, fünfzehn Jahre später entstand dann eine große Rindermarkthalle. Das Gelände am Bahnhof Sternschanze wurde damals als Zentralmarkt für Kälber und Schweine erschlossen.

Nachdem viele Gebäude im Zweiten Weltkrieg stark beschädigt wurden, begann Anfang 1950 der Wiederaufbau. In diesem Zuge entstand auch die neue „St. Pauli Markthalle“ an der Feldstraße mit einer Fläche von 14.200 qm. In ihr konnten bis zu 2.500 Rinder und etwa 3.000 Schafe zum Verkauf gestellt werden. Später wurden außerdem eine neue Fleischgroßmarkthalle und mehrere Kühlblöcke, die neue „Rinderschlachthalle II“ sowie eine weitere Viehmarkthalle an der Grabenstraße für Kälber, Schweine und Rinder eröffnet. Und auch der Schlachthof nahm bald den Betrieb wieder auf. Er gab vielen Bewohnern des Viertels Arbeit. Überall im Karo- und Schanzenviertel siedelten sich zahlreiche Gewerbe an, die die Verarbeitungsbetriebe mit Zubehör versorgten – darunter Gewürzfabriken, Waagenhersteller und Hersteller von technischem Gerät für die Fleischverarbeitung.

Aufgrund steigender Transport- und Lagerkosten wurde das Schlachten im innerstädtischen Bereich aber bald zu teuer. Zwar erlebte der Schlachthof nach der deutschen Wiedervereinigung noch einen kurzen Boom. 1996 aber wurde er endgültig geschlossen. Der Landesbetrieb wurde bereits 1992 aufgelöst und privatisiert. Unter der Bezeichnung „Fleischgroßmarkt Hamburg“ (FGH) entstand in der Lagerstraße eine neue Betriebsgesellschaft. Heute ist der FGH einer der größten Fleischhandelsplätze Europas: Mehr als 250 Betriebe mit mehr als 4.000 Mitarbeitern bieten hier mehrere tausend verschiedene Produkte und Dienstleistungen an. Dazu zählen unter anderem Händler und Produzenten von Fleisch- und Wurstwaren sowie Hersteller für Wild- und Geflügelprodukte, Fischimporteure, Feinkostproduzenten sowie Imbiss- und Partyservice.

SCHAUFELBRATEN

MIT SCHMORGEMÜSE UND SÜßKARTOFFELSTAMPF

Unsere Abwandlung des klassischen Rinderbratens: Statt mit Rotkohl und Klößen wird das zart geschmorte Fleisch mit Süßkartoffeln serviert und erhält dadurch eine leicht süßliche Note.

ZUTATEN FÜR 4 PERSONEN

- 1,5 *kg* SCHAUFELBRATEN VOM RIND
- ÖL *zum Braten*
- 3 *weiße* ZWIEBELN
- 1/4 *Knolle* SELLERIE
- 2 KAROTTEN
- 1 *Stange* LAUCH
- 250 *ml* ROTWEIN
- 500 *ml* GEMÜSEFOND
- 3 *große* SÜßKARTOFFELN
- *etwas* BUTTER
- 6 LORBEER*blätter*
- 2 *EL* SENFKÖRNER
- 6 WACHOLDER*beeren*
- 6 PIMENT*beeren*
- SALZ
- PFEFFER AUS DER MÜHLE

Zunächst in einer Pfanne etwas Öl erhitzen und das Rindfleisch rundherum anbraten.

Zwiebeln, Sellerie und Karotten schälen. Die Lauchstange längs aufschneiden und mit kaltem Wasser abbrausen. Das Gemüse in kleine Würfel schneiden.

Danach das Fleisch herausnehmen und in derselben Pfanne das Gemüse anbraten. Anschließend mit der Hälfte des Rotweins ablöschen, einkochen lassen und erneut ablöschen. Dann mit Gemüsefond aufgießen. Als nächstes das Rindfleisch wieder dazugeben zusammen mit den Gewürzen bei 150 Grad im Backofen etwa drei Stunden schmoren.

Die Süßkartoffeln in Würfel schneiden und auf einem zweiten Blech abgedeckt mit Alufolie etwa vierzig Minuten im Backofen mit garen.

Zum Schluss die weichen Süßkartoffeln mit etwas Butter und einer Gabel leicht zerdrücken, mit Salz und Pfeffer abschmecken und zusammen mit dem Fleisch anrichten.

WELT
KLASSE
Bartender
Sexy 윤 정
Bali
TICKET
Istanbul
TELEPHONE
AFRICAN RESERVE BANK
TWENTY RAND
26 SEP 2006

SWITZERLAND
KOH SAMUI
FISHING
1000
5000
BENKI KUU
100
MR. YAI
LUCKY BEER
hogsbreath.com
Key West • Destin

CHICKEN TIKKA

CREMIGES KOKOS-CURRY MIT JOGHURTSOßE UND NAAN BROT

Der Name des leckeren Currys steht für marinierte Hähnchenstücke, die in einer sämigen Tomatensoße und mit frischem Naan serviert werden. Das Gericht entstand in Großbritannien während der Nachkriegszeit, um indisches Essen mit englischen Gewohnheiten in Einklang zu bringen. Noch heute zählt es zu den beliebtesten Gerichten der Engländer.

ZUTATEN FÜR 4 PERSONEN

700 *gramm* HÄHNCHENBRUSTFILET
1 1/2 *TL* ZUCKER
2 *TL* KURKUMA*
1 1/2 *EL* GEMAHLENER KORIANDER*
1/4 *TL* CHILIPULVER
1 LIMETTE
1 *Knolle* INGWER
4 SCHALOTTEN
1 *kleine Dose* GESCHÄLTE TOMATEN
4 LORBEER*blätter*
12 *Kapseln* GRÜNER KARDAMOM*
7 MUSKAT*blüten*
600 *ml* KOKOSMILCH*
4 *große rote* CHILISCHOTEN
etwas PFLANZENÖL
SALZ

FÜR DIE JOGHURTSOßE

1 *TL* KREUZKÜMMEL*
250 *gramm* NATURJOGHURT
1 *kleiner Bund* FRISCHE MINZE
1 *Bund* FRISCHER KORIANDER
SALZ

FÜR DAS NAAN BROT

4 *Tassen* MEHL
2 *TL* BACKPULVER
1 *TL* SALZ
1 *TL* ZUCKER
1/2 *Tasse* WASSER
4 *EL* OLIVENÖL
6 *EL* JOGHURT

* ZUTATEN AUS DEM ASIA-SHOP

Zunächst das Hähnchenbrustfilet in grobe Würfel schneiden. Anschließend mit Zucker, Kurkuma, Koriander, Chilipulver, etwas frischem Limettensaft und Öl marinieren. Den Ingwer und die Schalotten schälen und in feine Streifen schneiden. Danach in einem Topf farblos anschwitzen. Den Chili waschen, längs einschneiden, entkernen, waschen und in Ringe schneiden. Die geschälten Tomaten, die restlichen Gewürze und die Chilischoten dazugeben und mit der Kokosmilch auffüllen. Dann das marinierte Hühnchen hinzufügen und alles zusammen langsam durchgaren lassen.

Für die Joghurtsoße den Kreuzkümmel in einer Pfanne ohne Öl kurz anrösten. Anschließend den Joghurt mit Kreuzkümmel und Salz würzen. Koriander und Minze waschen, klein schneiden und mit dem Joghurt vermischen.

Für das Naan das Mehl mit Backpulver, Salz und Zucker vermischen. Danach das Wasser dazugeben und mit den Händen so lange durchkneten, bis ein geschmeidiger Teig entsteht. Zum Schluss Olivenöl und Joghurt unterheben. Ein Backblech mit Backpapier auslegen und das Naan handflächengroß ausrollen und darauf legen. Im vorgeheizten Ofen bei 250 Grad ca. vier Minuten backen.

Das Hähnchencurry mit dem warmen Naan und der Joghurtsoße servieren.

TOM YAM

THAILANDS SAUER-SCHARFE SUPPE

Thailands bekanntestes Nationalgericht wird wahlweise als Tom Yam Gung mit Riesengarnelen und Pilzen, als Tom Yam Gai mit Huhn oder als Tom Pla mit Fisch serviert. Wir haben uns für eine Surf and Turf-Variante mit Hühnchen und Garnelen entschieden.

ZUTATEN FÜR 4 PERSONEN

2 HÄHNCHENKEULEN
12 GARNELEN
3 *Stangen* ZITRONENGRAS*
2 *mittelgroße* GALANGA-WURZELN (THAI-INGWER)*
10 KAFFIRLIMETTEN*
5 *große* CHILISCHOTEN
5 TOMATEN
etwas PALMZUCKER*
3–4 LIMETTEN
etwas FISCHSOßE*
50 *gramm* REISSTROHPILZE*
50 *gramm* AUSTERNPILZE
100 *gramm* CHERRYTOMATEN
2 *rote* ZWIEBELN
1 *halbes Bund* KORIANDER*
1 *halbes Bund* SCHNITTLAUCH

* ZUTATEN AUS DEM ASIA-SHOP

Die Hähnchenkeulen in einem Topf mit kaltem Wasser aufsetzen, langsam aufkochen lassen und die aufsteigenden Trübstoffe mit einer Schaumkelle abschöpfen. Etwa eine Stunde auf kleiner Flamme köcheln lassen. Währenddessen die Garnelen schälen und den Darm mit einem scharfen Messer entfernen.

Die gekochten Keulen aus dem Wasser holen, das Fleisch vom Knochen lösen und mit den Fingern in kleinere Stücke zupfen. Das Zitronengras, die Garnelenschalen und die Galangawurzel grob zerschneiden, die Tomaten halbieren, danach zusammen mit den Kaffirlimetten, den Chilischoten und den Tomaten in die Suppe geben und darin ziehen lassen. Die Limetten auspressen und die Brühe mit Palmzucker, frischem Limettensaft und Fischsoße abschmecken. Anschließend die Suppe durch ein grobes Sieb gießen.

Die Cherrytomaten waschen und halbieren. Danach die Pilze waschen und zerkleinern. Die Zwiebeln in feine Würfel schneiden und zusammen mit den Garnelen und den halbierten Cherrytomaten der Suppe hinzufügen. Den Schnittlauch in feine Ringe schneiden, vom gewaschenen Koriander ein paar Blättchen abzupfen und zum Schluss in die Suppe geben.

地址: 前门
149 QIAN MEN STREET
电话
63.0960
33.2613
33.4452
Vergnügungs- und Studienreisen
zur
URG-AMERIKA
NIE

EIN STÜCK CHINA AUF DEM KIEZ

LONDON, NEW YORK, LIMA: VIELE HAFENMETROPOLEN RUND UM DEN GLOBUS HABEN IHRE CHINATOWN. AUCH HAMBURG HATTE MAL EINE – MITTEN AUF ST. PAULI. AUCH WENN SIE HEUTE LÄNGST VERSCHWUNDEN IST, DER KULINARISCHE EINFLUSS VON DAMALS WIRKT BIS HEUTE NACH.

Nur eine kleine Gedenktafel in der Schmuckstraße erinnert heute noch an das Chinesenviertel, das für einige Zeit den Stadtteil prägte. Bereits Anfang des 20. Jahrhunderts und vor allem in den frühen 1920er-Jahren strömten zahlreiche Matrosen aus der südchinesischen Region Guangdong in der Nähe von Kanton nach Hamburg. Sie arbeiteten an Bord europäischer Dampfschiffe, die auch in der Hansestadt ihre Waren verfrachteten. Einige Hundert von ihnen ließen sich im Amüsierviertel zwischen Schmuck-, Talstraße und der Großen Freiheit nieder. So viele wie nirgendwo sonst in Deutschland.

Im Chinesenviertel roch es nach Ingwer, Soja, grünem Tee und exotischen Gewürzen. Draußen drängten sich Schubkarren durch die Straßen. Kisten mit fremden Schriftzeichen stapelten sich vor den Kellereingängen. Es kursierten Gerüchte über Glücksspiele und Opiumhöhlen.

SCHWÄRMENDER TUCHOLSKY

Bleibenden Eindruck hinterließ auch die landestypische Küche. Auf der Speisekarte des Restaurant „Wong Fu" etwa standen Gerichte wie „Tsau juk san" (Ragout mit Bambus und Pilzen) für 1,50 Reichsmark oder „Bak shuy" (Schweinefleisch mit Chinakohl) für 1,20 Reichsmark. Nicht nur Landsmänner, sondern auch Hamburger waren fasziniert von der chinesischen Kultur und suchten Stätten wie das „Neu-China" und das „Ballhaus Cheong Shing" in der Großen Freiheit oder das „Peking" in der Neustadt auf. Dort wurde chinesische Gastronomie mit moderner Tanzmusik kombiniert. Hamburg-Liebhaber Kurt Tucholsky schwärmte damals: „Im chinesischen Restaurant sangen sie beim Tanzen, die ganze Belegschaft, einstimmig und brausend."

Das Nazi-Regime machte dem Chinesenviertel von St. Pauli Mitte der 1940er-Jahre ein grausames Ende. Und die Mehrheit der chinesischen Migranten kehrte Hamburg nach Kriegsende den Rücken. Der Einfluss asiatischer Kochkunst aber ist geblieben und wirkt bis heute nach. Vor allem seit Mitte der 1990er-Jahre ist die Anzahl asiatischer Restaurants auf St. Pauli kontinuierlich gestiegen: Chinesen, Japaner, Koreaner, Thailänder, Vietnamesen – St. Pauli liebt die asiatische Küche.

ZU DEN KNEIPEN IM CHINESENVIERTEL GEHÖRTE SCHON DAMALS DIE

HONG-KONG BAR

AM HAMBURGER BERG.

SIE EXISTIERT BIS HEUTE AM SELBEN STANDORT UND WIRD VON MARIETTA SOLTY GEFÜHRT. IHR VATER ERÖFFNETE DIE BAR 1926 ALS JUNGER EINWANDERER. FRÜHER WAR DAS LOKAL ANLAUFPUNKT FÜR CHINESISCHE SEELEUTE UND LANDSMÄNNER AUS DER NACHBARSCHAFT. HEUTE TREFFEN SICH DORT UR-ST. PAULIANER UND STUDENTEN ZUM KICKERN UND KLÖNEN. DABEI GEHEN VOR ALLEM BELIEBTE SCHNÄPSE, WIE DER MEXIKANER (MEHR DAZU AUF SEITE 165), ÜBER DEN TRESEN.

PENG PENG CURRY

UNSERE VARIANTE DES KLASSISCHEN PANANG CURRYS MIT ENTE UND ANANAS

ZUTATEN FÜR 4 PERSONEN

- 6 SCHALOTTEN
- 1 *Bund* KORIANDER*
- 2 *große* ROTE CHILISCHOTEN
- 100 *ml* SOJAÖL ZUM BRATEN
- 40 *gramm* PANANG CURRYPASTE*
- 1 *l* KOKOSMILCH*
- 4 ENTEN*keulen*
- 5 KAFFIRLIMETTEN*blätter**
- 2 *Stangen* ZITRONENGRAS*
- 2 *Baby*-ANANAS
- 100 *gramm* PALMZUCKER*
- 2 *mittelgroße* GALANGA-WURZELN (THAI-INGWER)*
- 1 *kleines Bund* THAI-BASILIKUM*
- GERÖSTETE CASHEWKERNE } 30 *gramm*
- MEERSALZ

* ZUTATEN AUS DEM ASIA-SHOP

Die Schalotten schälen und in kleine Würfel schneiden. Die Korianderblätter abzupfen, die Chilischoten halbieren, das Kerngehäuse mit einem scharfen Messer entfernen und die Schote in feine Streifen schneiden. Danach erst einmal beiseite stellen. Anschließend die Korianderblätter und -stiele zusammen mit dem restlichen Chili im Mörser fein stampfen und in Sojaöl farblos anschwitzen. Die Currypaste dazugeben, kurz mit anschwitzen und nach und nach mit der Kokosmilch auffüllen.

Die Entenkeulen am Gelenk mit einem Messer zertrennen und zum Kokosmilch-Sud geben. Dann Kaffirlimettenblätter und Zitronengras hinzufügen und auf kleiner Flamme 1,5 Stunden köcheln lassen, bis das Fleisch zart ist.

Nach etwa einer Stunde die Ananas schälen, und die Frucht in ca. 1,5 Zentimeter große Würfel schneiden. Zusammen mit dem Palmzucker und den klein geschnittenen Galangawurzeln zum Entencurry hinzufügen. Fünf Minuten vor dem Ende der Garzeit das Thai-Basilikum und die Cashewkerne dazugeben und mit Streifen von frischer Chilischote garnieren. Mit Meersalz abschmecken. Als Beilage empfehlen wir Jasminreis.

BUN BO

NUDELN AUF VIETNAMESISCH

Dieser lauwarme Reisnudelsalat kommt aus Vietnam. Wie in anderen Gerichten des Landes, werden auch hierfür viele frische Kräuter verwendet, die zusammen mit einer Soße separat auf den Tisch gestellt werden. So kann jeder ganz individuell und nach eigenem Geschmack nachwürzen.

Bun Bo eignet sich übrigens auch für die glutenfreie Ernährung, da die aus Reismehl hergestellten Nudeln kein Weizen enthalten.

ZUTATEN FÜR 4 PERSONEN

600 *gramm* ROASTBEEF VOM RIND
1 *große weiße* ZWIEBEL
1 *EL* GELBES CURRYPULVER*
1 EISBERGSALAT
3 KAROTTEN
1 *Päckchen* FEINE REISNUDELN*
1 *Bund* THAI-BASILIKUM*
1 *Bund* KORIANDER*
60 *gramm* GERÖSTETE ERDNÜSSE
1 *Msp* CHILIPULVER
1 *TL* ZUCKER
ERDNUSSÖL
PFLANZENÖL
1 LIMETTE
RÖSTZWIEBELN *zum Garnieren*

FÜR DIE FISCH-ESSIG-SOßE

200 *ml* REISESSIG* (5 %)
200 *ml* WASSER
200 *ml* FISCHSOßE*
150 *gramm* ZUCKER
etwas KNOBLAUCH

* ZUTATEN AUS DEM ASIA-SHOP

Das Roastbeef parieren, längs in drei Teile und danach in dünne Scheiben schneiden. Die Zwiebel schälen und in feine Julienne schneiden. Anschließend die Zwiebelstücke zusammen mit dem geschnittenen Roastbeef und dem Currypulver mischen. Den Eisbergsalat putzen, die Karotten waschen, schälen und beides in Streifen schneiden. Die Reisnudeln etwa zwei Minuten kochen, abgießen und kurz mit kaltem Wasser abschrecken. Wem die Nudeln zu lang sind, der schneidet sie mit einer Küchenschere einfach etwas kürzer.

Für die Fisch-Essig-Soße den Reisessig, das Wasser, die Fischsoße und den Zucker zusammen kurz aufkochen lassen und ein paar Möhrenraspeln und etwas Knoblauch hinzufügen. Die Erdnüsse im Mixer zerkleinern.

Jetzt das marinierte Roastbeef in der Pfanne kurz anbraten. Währenddessen die Reisnudeln auf tiefen Tellern anrichten und das Gemüse dazugeben. Darauf das Roastbeef legen, nach Belieben etwas von den gewaschenen Kräutern, Erdnüssen, Gewürzen und Röstzwiebeln hinzufügen. Vor dem Servieren zwei Esslöffel von der Fisch-Essig-Soße und etwas frischen Limettensaft darüber verteilen.

DÖNER DELUXE

GETREU DEM ORIGINAL – UNSERE VARIANTE MIT LAMMRÜCKEN

Er ist eine der Fast Food Legenden schlechthin – nicht nur auf dem Kiez. Über 400 Dönerbuden gibt es in Hamburg, mehr als 75.000 Brottaschen gehen dort täglich über den Tisch. Noch viel leckerer als der Fertigsnack vom Imbiss ist unser selbstgemachter Döner, der mit vielen frischen Zutaten und feinem Lammfilet punktet.

ZUTATEN FÜR 1 DÖNER

1 LAMMrücken (CA. 120 gramm)
etwas ÖL ZUM BRATEN
1 SALATGURKE
200 gramm NATURJOGHURT
1 ZITRONE
DILL
2 TOMATEN
1 rote CHILISCHOTE
1 kleine rote ZWIEBEL
1 Bund PETERSILIE
1 türkisches FLADENBROT
1 Salat LOLLO BIONDA
1 Bund KORIANDER
SALZ
PFEFFER AUS DER MÜHLE

Den Lammrücken mit Salz und Pfeffer würzen und von beiden Seiten in etwas Öl anbraten. Bei achtzig Grad im vorgeheizten Ofen etwa zwölf Minuten garen lassen, bis das Fleisch rosafarben ist. Danach in Alufolie ruhen lassen.

Die Gurke schälen, raspeln und salzen. Den Joghurt mit Zitronensaft und Dill glattrühren. Danach die Gurkenraspeln ausdrücken und mit dem Joghurt vermischen.

Tomaten und Chili waschen und in Würfel schneiden. Die Zwiebel schälen und ebenfalls würfeln. Die Petersilie waschen, trocken tupfen und fein hacken. Alle drei Zutaten miteinander vermischen, würzen und etwas von der gehackten Petersilie dazugeben.

Das Fladenbrot von innen mit dem Gurkenjoghurt bestreichen. Den Salat waschen und klein schneiden. Anschließend zusammen mit einem Esslöffel gewürfelter Tomaten in das Fladenbrot geben. Den Lammrücken in dünne Scheiben schneiden und das Fladenbrot damit füllen. Zum Schluss mit einigen frischen Korianderblättern garnieren.

BRÜDER & SCHWESTERN

[MR. KEBAB] WAR EINES DER ERSTEN TÜRKISCHEN LOKALE IM VIERTEL. WER DORT ISST, WIRD TEIL EINER FAMILIE, FÜR DIE DAS HERZ STETS WICHTIGER WAR ALS GELD.

Das Leben tobt bei [MR. KEBAB]. Die Musik ist laut, die Gäste sind ungehemmt. Es wird gelacht, getrunken und wild diskutiert. Und es wird natürlich viel und gut gegessen. „Das hier ist mein Wohnzimmer", strahlt Geschäftsführer Cevo Yagbasan. Wer sich mit ihm trifft, muss ihn mit ganz St. Pauli teilen. Denn ihn kennt wirklich jeder.

Vor zwölf Jahren hat er das Lokal von seinem Vater Oruc übernommen. Der gelernte Maschinenbauer und seine Frau Döne eröffneten das Lokal am Pferdemarkt 1986, nachdem sie aus ihrer Heimat, dem anatolischen Antep, geflüchtet waren. „Meine Eltern denken beide sehr links und sind überaus weltoffen. Das führte zu heftigen Problemen", erzählt Cevo.

Auf St. Pauli finden die Yagbasans schnell Gleichgesinnte, Unterstützung und ein Zuhause. [MR. KEBAB] ist damals eines der ersten türkischen Speiselokale im Viertel. Anfangs gibt es dort nur drei bis vier Tagesgerichte. Heute ist die Speisekarte viel umfangreicher und beinhaltet einfache, aber liebevoll zubereitete Fleischgerichte wie Döner Kebab und Köfte sowie vegetarische Gerichte wie Suppen, Salate oder Vorspeisenteller. An Wochenenden herrscht Klubatmosphäre. Dann gibt es auch schon mal Cocktails und Live-DJs. Es wird getanzt und getankt.

Das Erbe seines Vaters trägt Cevo mit Würde. Das betrifft auch den politischen Kampf:

>>

FÜR UNS ZÄHLTE SCHON IMMER DAS HERZ MEHR ALS GELD. WIR BRAUCHEN AUF ST. PAULI FREUNDE UND MITSTREITER UND KEINE INVESTOREN.

<<

Viele seiner Gäste sind wie eine Familie für ihn: „Wir kennen uns schon seit vielen Jahren, haben viel erlebt. Da muss nicht immer alles perfekt sein, solange es von Herzen kommt", sagt Cevo. Und ist mit einem Ohr schon wieder am Nachbartisch. Ein echter bunter Hund eben und noch viel mehr.

CHILI CON CARNE

DER FEURIGE KLASSIKER KOMMT BEI UNS MIT GRÜNEN BOHNEN UND FINGERMAIS AUF DEN TISCH

Wo Chili con Carne erfunden wurde, kann heute eigentlich keiner mehr sagen. Sowohl Texas, New Mexico als auch Arizona beanspruchen den Ursprung für sich. Ob es nun die U.S. Army war, die das erste Chili con Carne kochte, es ein Rezept der amerikanischen Ureinwohner gewesen ist oder Einflüssen von irischen oder spanischen Einwanderern unterliegt. Fest steht: Der feurige Eintopf ist bis heute fast überall zuhause und aus den Küchen der Welt nicht mehr wegzudenken.

ZUTATEN FÜR 4 PERSONEN

1 *kg* RINDFLEISCH (Z.B. BRATEN ODER ROASTBEEF)
2 *rote* ZWIEBELN
2 KNOBLAUCH*zehen*
150 *gramm* GRÜNE BOHNEN
3 *große rote* CHILISCHOTEN
etwas SOJAÖL ZUM BRATEN
1 *EL* TOMATENMARK
100 *ml* TROCKENER ROTWEIN
400 *ml* GEMÜSEBRÜHE
5 LORBEER*blätter*
CHILIPULVER
150 *gramm* FINGERMAIS
SALZ
PFEFFER AUS DER MÜHLE

Zunächst das Roastbeef in 2 x 2 Zentimeter große Stücke schneiden. Dann Zwiebeln und Knoblauch schälen, klein schneiden und die Bohnen putzen. Die Chilischoten längs einschneiden und vom Kerngehäuse befreien, anschließend in feine Stücke schneiden.

Das Rindfleisch in Sojaöl scharf anbraten, Tomatenmark hinzufügen und mit der Hälfte des Rotweins ablöschen. Dann die Zwiebeln, Chilischoten und den Knoblauch mit anbraten und nochmals mit dem restlichen Rotwein ablöschen. Mit Gemüsebrühe auffüllen, mit Chilipulver, Salz und Pfeffer würzen und die Lorbeerblätter hinzufügen. Anschließend bei milder Hitze im geschlossenen Topf mindestens 45 Minuten (je nach Fleischart) garen.

Die Bohnen und den Fingermais etwas kleiner schneiden, in Salzwasser blanchieren und nach ca. 35 Minuten zum Chili geben. Die letzten zehn Minuten das Chili im offenen Topf einreduzieren lassen, bis das Fleisch gar ist.

BURRITOS

MIT SCHARFEM HÜHNCHEN, MANGO-PHYSALIS-CHUTNEY UND GUACAMOLE

Bei uns bekommen die beliebten Mexikaner durch das Mango-Physalis-Chutney eine fruchtige Note. Aus dem Glas oder aus der Tüte kommt bei uns nicht in die Tüte – alles wird selbst gemacht: vom Tortilla-Flan bis zur Guacamole.

ZUTATEN FÜR 4 PERSONEN

FÜR DEN TORTILLA-FLAN

600 *gramm* MEHL
300 *ml* WASSER
2 *TL* BACKPULVER
1 *TL* SALZ

FÜR DAS HÜHNCHEN

500 *gramm* HÜHNERBRUSTFILET
etwas OLIVENÖL
SALZ
PFEFFER AUS DER MÜHLE

FÜR DAS CHUTNEY

2 MANGOS
500 *gramm* KAPSTACHELBEEREN (PHYSALIS)
1 *TL* KREUZKÜMMEL
etwas ZUCKER
150 *ml* MINERALWASSER

ZUM BELEGEN

1 *Kopf* EISBERGSALAT
1 *Bund* KORIANDER
3 *rote* ZWIEBELN
1 SALATGURKE

FÜR DIE GUACAMOLE

2 *reife* AVOCADOS
2 LIMETTEN
etwas OLIVENÖL
MEERSALZ

Für den Tortilla-Flan Mehl, Wasser, Backpulver und Salz miteinander zu einem glatten Teig verkneten. Diesen anschließend etwa eine Stunde im Kühlschrank ruhen lassen. Danach aus dem Teig ca. 90 Gramm schwere Bällchen formen und mit einem Nudelholz auf einen Durchmesser von ca. 26 Zentimetern kreisförmig ausrollen. Die Fladen in einer Pfanne ohne Öl etwa drei Minuten anbraten. Dann mit etwas Olivenöl beträufeln.

Danach die Hähnchenfilets in kleine Würfel schneiden und mit Olivenöl, Salz und Pfeffer marinieren. Die Mangos schälen und würfeln. Danach die Kapstachelbeeren von den Blättern befreien und halbieren. Kreuzkümmel kurz anrösten, Mango und Physalis dazugeben und mit etwas Zucker abschmecken. Mit dem Mineralwasser auffüllen und dickflüssig zu einem Chutney einkochen lassen.

Den Eisbergsalat und den Koriander waschen und in Streifen schneiden. Zwiebeln und Gurke schälen und ebenfalls klein schneiden. Die Avocados halbieren, mit einem Esslöffel das Fruchtfleisch herausholen und anschließend mit einer Gabel zerdrücken. Danach mit frischem Limettensaft, Olivenöl und Meersalz würzen.

Anschließend die Hähnchenbrustfilets anbraten. Die Tortillas mit dem Chutney in der Mitte bestreichen, den Eisbergsalat darauflegen und das Hühnchen hinzufügen. Dann den Koriander und die geschnittenen Zwiebel beifügen und zum Schluss mit einem Klecks Guacamole garnieren.

EL CORAZON

SCHMAKAZIEN

Angefangen hat Angelo Navarro 1995. In seinem einzigen Backofen hat er 24 Brote pro Backzeit hergestellt. Heute backt // ITALBROT // 300 Brote pro Backzeit. Damit beliefert er ausgewählte Restaurants und Cafés. Das berühmteste Brot ist das „Schwiegermutter". Das Besondere: Es sieht aus wie ein deutsches, schmeckt aber wie ein italienisches Brot. Angelos Tipp: Dieses Brot sollte jeder mitbringen, der beim ersten Besuch seine künftige Schwiegermutter beeindrucken will.

Im // SCHMAKAZIEN // in der Hein-Hoyer-Straße etwa können Kunden selbstgemachte mediterrane Köstlichkeiten – Pesto, Antipasti, Suppen, Saucen oder Cookies – erstehen. Inhaberin Lydia hat anfangs am Vormittag selbst gekocht und die Leckereien am Nachmittag verkauft. Inzwischen zaubert das Essen eine alteingesessene Nachbarin, die in ihrem Lokal auf dem Kiez früher Seeleute bekocht hat.

HANDARBEIT

SELBSTGEMACHTES ESSEN …
… IST AUF ST. PAULI IMMER STÄRKER GEFRAGT.

DENN GUTE HANDARBEIT SCHMECKT NICHT NUR BESSER, SIE FÜHRT AUCH ZU EINZIGARTIGEN ERGEBNISSEN. IN EINIGEN LÄDEN RUND UM DIE REEPERBAHN WIRD JEDEN TAG MIT VIEL FANTASIE UND LIEBE GEKOCHT, GEBACKEN UND ZUBEREITET.

//TARTERIE//-Inhaber Fabio Haebel war eigentlich nur zu Besuch in Hamburg. Bei einer Hafenrundfahrt nahm das Schiff eine Kurve so scharf, dass es ihm eine Welle ins Gesicht schlug. „Jetzt bist du einer von uns", hatte der Kapitän damals gesagt. Fabio nahm ihn beim Wort und schlug fortan seine Zelte in Hamburg auf. In der Paul-Roosen-Straße serviert der gelernte Koch seinen Gästen feinste Küche aus dem Elsaß. Vor allem die Quiches und Flammkuchen sind heiß begehrt. Immer wieder experimentiert er mit neuen Einflüssen. Aktuell verfolgt er einen skandinavischen Ansatz, arbeitet mit Fichtennadeln, Birken und Buchen.

TARTERIE

WIE SCHMECKT DENN DAS?

MARIA KETIKIDOU

SCHAUSPIELERIN (bekannt aus „Sterne des Südens" und „Großstadtrevier"), ST. PAULI-FAN

WIE SCHMECKT **ST. PAULI?**

HEIMLICH ZU **McDONALD'S?**

GENIEßER **ODER HEKTIKER?**

ESSEN **MACHT...?**

DEIN BLICK ALS KIN WENN DIR DAS **ESSEN GEKLAUT WURDE?**

SAY IT LOUD, SAY IT CLEAR – REFUGEES ARE WELCOME HERE!

IM SOMMER 2013 HAT DIE ST. PAULI KIRCHE RUND 80 MÄNNER AUS WESTAFRIKA AUFGENOMMEN. DIE SOLIDARITÄT DER ANWOHNER MIT DEN SOGENANNTEN „LAMPEDUSA-FLÜCHTLINGEN" IST ENORM.

Was für eine Odyssee: Sie waren als Wanderarbeiter nach Libyen gekommen. Als dort der Bürgerkrieg ausbrach, flohen sie über das Mittelmeer und strandeten auf der italienischen Insel Lampedusa. Anfang des Jahres wurden ihre Camps in Italien geschlossen. Die italienischen Behörden statteten sie mit Papieren und Bargeld aus und schickten sie nach Nordeuropa.

Rund 300 afrikanische Obdachlose tauchten schließlich in Hamburg auf. Die meisten von ihnen kamen zunächst in Winternotunterkünften unter. Als der Winter vorbei war, standen sie auf der Straße. Ab Juni bot die St. Pauli Kirche etwa achtzig Mann Unterschlupf. Was sie auf St. Pauli erleben, ist ein leuchtendes Beispiel für eine intakte Zivilgesellschaft – und typisch für die Bevölkerung rund um den Kiez.

Mehr als hundert freiwillige Helfer beteiligen sich am Flüchtlingsprojekt in der Kirche. Einmal in der Woche setzen sich alle zusammen und verteilen die Aufgaben: Frühstück zubereiten, Nachtwache halten, Brotspenden von der Bäckerei abholen und vieles mehr. Sie geben den Flüchtlingen Sprachunterricht, bringen Kleidung und Fahrräder vorbei, spielen Spiele oder unterhalten sich.

TÄGLICHE WUNDER

Für die Pastoren Martin Paulekun und Sieghard Wilm hat der Erfolg des Flüchtlingslagers viel mit dem Stadtteil St. Pauli zu tun: „Anscheinend können sich hier mehr Leute vorstellen, dass es Menschen in Not gibt", sagt Paulekun. Auch von der Kita nebenan und angrenzenden Gastronomen kommt Unterstützung. Paulekun ist gerührt: „WIR LEBEN VON DEN WUNDERN, DIE UNS TÄGLICH ZUFALLEN."

Die Stadt dagegen bleibt hart und gibt den Flüchtlingen keine Perspektive. Der Senat will die Männer abschieben, verfolgt sie mit rassistischen Polizeikontrollen und verweigert Verhandlungsgespräche. Nach einem Fußballspiel des FC St. Pauli gingen mehr als 10.000 Menschen auf die Straße und demonstrierten für ein Bleiberecht der Flüchtlinge. Damit machten die St. Paulianer ihre Einstellung deutlich:

>> REFUGEES WELCOME! <<

Zum Austausch mit den Flüchtlingen und ihrer Kultur gehört auch gemeinsames Kochen und Essen. Immer wieder wird rund um die Kirche zum gemeinsamen Speisen eingeladen. Wir wollten mehr über authentisches afrikanisches Essen erfahren und haben Ibrahim in unsere Küche eingeladen. Ibrahim ist Fußballer und war in seiner Heimat Ghana eigentlich für die erste Profi-Liga berufen. Weil aber das Geld darüber entscheidet, wer Profi wird und wer nicht, platzte sein Traum. Stattdessen ging er als Wanderarbeiter nach Libyen. Das Kochen liegt ihm im Blut. Weil seine Mutter arbeiten musste, übernahm er bereits mit vierzehn Jahren die Versorgung der Familie. Bei unserem Treffen hat er uns gezeigt, was bei ihm auf den Tisch kommt.

TineStafetten

FUFU MIT RINDFLEISCH

AFRIKANISCH KOCHEN MIT IBRAHIM

Fufu ist eines der beliebtesten Gerichte in Ghana und ganz Westafrika. Traditionell wird er zusammen mit würzigen Suppen oder Soßen zubereitet und mit den Händen gegessen.

ZUTATEN FÜR 8 PERSONEN

- 400 *gramm* RINDFLEISCH AUS DER KEULE
- 100 *gramm* OKRASCHOTEN*
- 1 ZWIEBEL
- 250 *gramm* GETROCKNETE YAMSFLOCKEN*
- 230 *gramm* CASSAVAPULVER (MANIOKPULVER)*
- 2,5 *Liter* WASSER
- 2 TOMATEN
- 1 *Dose* (255 *gramm*) MAKRELEN IN TOMATENSOßE *mit Chili*
- SALZ
- 15 *gramm* GROUNDED-PEPPER
- *etwas* ÖL

*ZUTATEN AUS DEM AFRO-SHOP

Das Rindfleisch in kleine Würfel von ca. 30 Gramm schneiden, die Okraschoten waschen und halbieren. Eine Zwiebel schälen und in Streifen schneiden. Yamsflocken und Cassavapulver in einen Topf geben und mit den Händen gleichmäßig vermischen. Danach ca. 400 Milliliter Wasser hinzugeben und mit einem Holzlöffel kräftig durchmischen. Unter Rühren nach und nach mehr Wasser hinzugeben (etwa ein Liter), bis ein gleichmäßiger Teig entsteht. Dann die Masse auf dem Herd bei mittlerer Hitze etwa zwanzig Minuten erwärmen.

Das Fleisch in etwas Öl anbraten, die Zwiebel hinzugeben und beides kurz anschwitzen lassen. Danach einen halben Liter Wasser hinzugeben, nach zehn Minuten die Okraschoten und zwei ganze Tomaten hinzugeben. Mit etwa drei Prisen Salz kräftig würzen. Insgesamt alles ca. 1,5 Stunden köcheln lassen.

Die Masse aus Yamsflocken, Wasser und Cassavapulver zwischendurch vom Herd nehmen und mit dem Holzlöffel immer wieder kräftig durchrühren. Sie hat die richtige Konsistenz, wenn sie klebrig ist und Fäden zieht. Falls sie nicht die richtige Konsistenz annimmt, einfach etwas zusätzliches Cassavapulver mit 100 Milliliter Wasser mischen und dazugeben. Die Fufu-Masse nach etwa zwanzig Minuten vom Herd nehmen und portionsweise in eine Schüssel füllen. Mit angefeuchteten Händen zu Brotlaiben verkneten.

Zwei gehäufte Teelöffel Grounded-Pepper und die Dose Makrelen in Tomatensoße in die Rindfleischbrühe geben und weiter köcheln lassen. Nach etwa fünfzig Minuten vom Herd nehmen und zusammen mit dem Fufu auf tiefen Tellern anrichten.

TRINKEN & GUTES TUN!

DER VEREIN „VIVA CON AGUA DE SANKT PAULI" FÖRDERT TRINKWASSERPROJEKTE IN ENTWICKLUNGSLÄNDERN. MITHELFEN KANN JEDER, DER GERNE GUTES WASSER TRINKT.

VIVA CON AGUA
SANKT PAULI

Laut oder leise? Wer das Quellwasser von „Viva con Agua de Sankt Pauli" bestellt, hat die Wahl. Und tut mit seiner Entscheidung nicht nur sich selbst etwas Gutes. Denn die Erlöse aus dem Verkauf der Quellwasserflaschen spendet der 2006 in Kooperation mit der Welthungerhilfe entstandene Verein für Trinkwasserprojekte in Entwicklungsländern. Für seine Verdienste hat die Trinkwasserinitiative 2009 sogar das Bundesverdienstkreuz erhalten.

Bis 2018 will „Viva con Agua de Sankt Pauli" allein mit dem Flaschenverkauf eine Million Euro sammeln und mehr als 300.000 Menschen mit sauberem Wasser versorgen. Mit Benjamin Adrion, Ex-Profi des FC St. Pauli und Gründer des Vereins, haben wir über die ambitionierten Zukunftspläne gesprochen.

GANZ GENERELL: WORAN ERKENNT MAN EIGENTLICH GUTES TRINKWASSER?

„Gutes Trinkwasser belebt und erfrischt. Es hydriert und ist Grundlage für Gesundheit und Leben. Unser Wasser bringt Gesundheit nicht nur in das eigene Leben, sondern auch in das Leben der Menschen in unseren Projektgebieten."

IHR BAUT TRINKWASSERBRUNNEN UND VERKAUFT WASSERFLASCHEN. WIE PASST DAS ZUSAMMEN?

„Ganz gut sogar. Wir wollen in erster Linie, dass die Menschen gutes Leitungswasser haben und dieses auch trinken. Wer aber abgefülltes Wasser bevorzugt, der sollte zu „Viva con Agua" greifen. Denn das ist ein soziales Produkt, das Nachhaltigkeit und soziale Gerechtigkeit miteinander verbindet."

WIE KOMMT EUER WASSER BEI DEN LEUTEN AN?

„Wir haben im Mai 2010 nach langer Vorbereitungszeit das Wasser auf den Markt gebracht. Im ersten Jahr haben wir rund 600.000 Flaschen verkauft. 2013 werden es wohl 6,5 Millionen Flaschen sein. Damit sind wir zum ersten Mal in den schwarzen Zahlen. Das ist gut, denn so können wir unsere Projekte vorantreiben."

HABT IHR WEITERE PLÄNE MIT EUREM WASSER?

„Wir werden in absehbarer Zeit das „Kleinlaut" einführen – ein mittelstark sprudelndes Wasser, das zwischen den anderen beiden Wassern anzusiedeln ist. Und wir werden alle Sorten auf Mineralwasser umstellen, auch die beiden jetzigen Quellwassersorten. Das ist nochmal ein enormer Qualitätssprung."

[GRUND-REZEPT] NUDELTEIG

PASTA EINFACH UND SCHNELL SELBST MACHEN

ZUTATEN FÜR 4 PERSONEN

- 1 *kg* MEHL (TYP 405)
- SALZ
- 8 EIER
- 2 *EL* OLIVENÖL
- LAUWARMES WASSER } *nach Bedarf*
- NUDELMASCHINE

Mehl und Salz in eine große Schüssel geben und kurz mit den Händen durchmengen. Eier, Olivenöl und etwas Wasser dazugeben und durchkneten. Dann auf einer Arbeitsfläche etwas Mehl verteilen und den Teig darauf erneut gut durchkneten, bis er schön geschmeidig ist. Den Teig anschließend in Frischhaltefolie einwickeln und etwa drei Stunden im Kühlschrank ruhen lassen.

Danach den Teig mit einem Messer in drei Teile schneiden. Die Teigstücke in einer Nudelmaschine mit der Walze erst auf Stufe 6, dann auf Stufe 3 ausrollen. Zwischendurch immer wieder mit etwas Mehl bestäuben. Zum Schluss den Aufsatz für Tagliatelle einspannen und die dünnen Nudelplatten durchlaufen lassen. Die fertigen Nudeln in siedendem Salzwasser etwa eine Minute gar kochen.

FRISCHE KRÄUTERNUDELN

MIT RIESENGARNELEN UND JAKOBSMUSCHELN

ZUTATEN FÜR 4 PERSONEN

- 12 *Riesen*GARNELEN
- 8 *frische* JAKOBSMUSCHELN
- 3 SCHALOTTEN
- 1 KNOBLAUCH*zehe*
- OLIVENÖL
- *etwas* TROCKENER WEIßWEIN
- 2 ZITRONEN
- 50 *gramm* BUTTER
- FRISCHE BANDNUDELN } 500 *gramm*
- 500 *ml* SAHNE
- 1 *kleines Bund* BASILIKUM
- 1 *Bund* DILL
- SALZ
- PFEFFER AUS DER MÜHLE

Die Garnelen schälen und mit einem Messer den Darm entfernen. Dann die Jakobsmuscheln aus der Schale nehmen und den Rogen entfernen. Die Schalotten und den Knoblauch schälen und in feine Würfel schneiden.

Die Garnelen und Jakobsmuscheln in einer Pfanne in Olivenöl kurz anbraten und wieder entnehmen. Anschließend Knoblauch und Schalotten in der Pfanne farblos anschwitzen und mit etwas trockenem Weißwein ablöschen. Die Zitronen ausdrücken, den Zitronensaft und die Butter in die Pfanne geben und alles verrühren.

Die Bandnudeln in einem Topf mit gesalzenem Wasser kochen, bis sie bissfest sind. Dann die Pfanne mit Sahne auffüllen, die Jakobsmuscheln und Garnelen wieder hinzufügen und kurz einkochen lassen. Basilikum und Dill klein schneiden. Die warmen Nudeln und frischen Basilikumblätter dazugeben. Vor dem Servieren mit Salz und grob gemahlenem Pfeffer abschmecken.

STROZZAPRETI MIT GEBRATENER ENTENBRUST

VERFEINERT MIT RUCOLA UND RADICCHIO-MARMELADE

Strozzapreti heißt übersetzt soviel wie „Priesterwürger". Den ungewöhnlichen Namen haben die leckeren Nudeln dem Mythos zufolge, weil sie das Lieblingsessen der italienischen Geistlichkeit waren. Die Priester schlangen die Nudeln so schnell herunter, dass sie einen Würgereiz bekamen. Wir empfehlen etwas langsamer zu essen – dann sind die schmackhaften Nudeln nicht nur mit Vorsicht zu genießen.

ZUTATEN FÜR 4 PERSONEN

500 *gramm* STROZZAPRETI (ITALIENISCHE PASTASORTE)
2 BARBERIE-*Entenbrüste*
BUTTER *zum Braten*
1 *Bund* RUCOLA
MUSKAT
MEERSALZ
PFEFFER AUS DER MÜHLE
etwas PARMESAN

FÜR DIE MARMELADE

1 *Kopf* RADICCHIO SALAT
1 SCHALOTTE
OLIVENÖL
1 *TL* ZUCKER
100 *ml* ACETO BALSAMICO
2 LORBEER*blätter*
1 WECKGLAS

Die Strozzapreti in reichlich Salzwasser kochen. Bei den Entenbrüsten die Fettseite über Kreuz einschneiden und auf dieser Seite langsam anbraten. Sobald die Seite Farbe angenommen hat, die Entenbrust wenden und noch etwa eine Minute auf kleiner Flamme weiter braten. Anschließend mit etwas Meersalz würzen und bei 120° C im vorgeizten Backofen etwa acht Minuten ruhen lassen.

Für die Marmelade die Schalotte schälen, den Radicchio waschen und beides in feine Würfel schneiden. Die Schalottenwürfel in Olivenöl anschwitzen, den Zucker hinzufügen und kurz karamellisieren lassen. Mit Balsamico ablöschen und den geschnittenen Radicchio dazugeben. Den Lorbeer hinzufügen und alles reduzieren lassen, bis der Radicchio weich ist. Zum Schluss in ein Weckglas füllen und im Kühlschrank aufbewahren.

Die Strozzapreti in etwas Butter anbraten, etwas gewaschenen und zerkleinerten Rucola dazugeben, die Entenbrust in Tranchen schneiden, würzen und zusammen mit der Marmelade auf dem Teller anrichten. Kurz vor dem Servieren mit etwas frisch geriebenem Parmesan bestreuen.

Als die PASTA laufen lernte

MEHRERE DUTZEND ITALIENISCHE RESTAURANTS GIBT ES HEUTE AUF ST. PAULI. VOR 108 JAHREN ABER WAR PASTA AUF DEM KIEZ NOCH EIN FREMDWORT. BIS EIN STRAßENMUSIKER MIT SEINER FRAU HIER STRANDETE.

Francesco Cuneo hat einen langen Weg hinter sich, als er 1904 nach Hamburg kommt. Der Straßenmusikant aus Genua ist viele Jahre mit seiner Frau Maria durch Europa gezogen und hat für ein Dach über dem Kopf Musik gemacht. Auf St. Pauli findet das Paar eine Heimat, wird sesshaft und schmiedet Pläne: Die Cuneos kratzen all ihr Geld zusammen und mieten das ehemalige Bordell „Zu den vier Löwen" in der Davidstraße 11, um dort ein italienisches Lokal einzurichten.

Als das [CUNEO] am 2. Mai 1905 seine Pforten öffnet, sind Pasta & Co. für die Hanseaten kulinarisches Neuland. Deutschland wird zu dieser Zeit von Kaiser Wilhelm II. regiert, fremdländische Küche gibt es im Viertel so gut wie gar nicht. Das [CUNEO] aber macht sich schnell einen Namen, auch wegen der familiären Atmosphäre. „Am Anfang gab es keine Speisekarte. Maria hat einfach in einem großen Topf ein Tagesgericht zubereitet – mal Minestrone, mal Spaghetti. Die Gäste haben sich dann um den Topf herum versammelt und gegessen", sagt Franca Cuneo, die Urenkelin des Gründers. Seit 2004 leitet sie das Restaurant, das für viele Gäste zu einer Art Familienersatz geworden ist.

FRANCAS GEHEIMREZEPT FÜR GUTE ITALIENISCHE KÜCHE: FRISCHE ZUTATEN, MÖGLICHST EINFACH ZUBEREITET... ...UND GUTES OLIVENÖL

ST. PAULI IST EIN BESONDERER ORT. DAS VIERTEL ERWACHT ERST NACH SONNENUNTERGANG SO RICHTIG ZUM LEBEN.

PROSTITUIERTE UND FLUCHTGEDANKEN

Zu den ersten Gästen gehören vor allem Italiener, die beim Bau des Alten Elbtunnels helfen, aber auch Seeleute und Prostituierte aus dem Süden. Sie alle schätzen das familiäre Miteinander und die Gastfreundlichkeit. Haben sie kein Geld, dürfen sie auch mal anschreiben.

Francesco leitet den Laden bis 1927. Doch auch danach bleibt das Lokal im Familienbesitz der Cuneos.

In den 1950er-Jahren erlebt der Kiez einen rasanten Wiederaufstieg, wird Amüsierviertel und Touristenattraktion. Im [CUNEO] aber scheint die Zeit still zu stehen: Das Inventar samt Jukebox und Telefon, die Speisekarte, das Personal – alles bleibt beim Alten und das im Wesentlichen bis heute. Nur das Publikum ändert sich. Zu den Stammgästen, die zum Teil schon in dritter Generation kommen, gesellen sich zunehmend auch Künstler, Journalisten und Prominente aus aller Welt. Die zahlreichen Gemälde und Fotos an der Wand zeugen davon.

FRISCH UND EINFACH

Das alt eingesessene Lokal hat St. Pauli geprägt. Umgekehrt gilt aber auch dasselbe: „St. Pauli ist ein besonderer Ort. Das Viertel erwacht erst nach Sonnenuntergang so richtig zum Leben. Wir haben uns der Nachbarschaft angepasst und öffnen erst am Abend", sagt Franca.

Die Speise- und Getränkekarte ist umfangreich. Einige Besucher kommen extra wegen der guten Weine aus eigenem Import, die das [CUNEO]-Familienetikett tragen. Zu den Speiseklassikern gehören Ravioli und Spaghetti mit Scampi. Die Pasta ist selbst gemacht. Pizza sucht man auf der Karte vergebens, sie wird nur auf ausdrücklichen Wunsch der Gäste zubereitet.

Francas Geheimrezept für gute italienische Küche: Frische Zutaten, möglichst einfach zubereitet – und gutes Olivenöl. Ihr persönliches Lieblingsgericht auf der Karte ist Leber, kross angebraten in Butter und Salbei.

[GRUND-REZEPT] RISOTTO

SO GELINGT DAS PERFEKTE RISOTTO

ZUTATEN FÜR 4 PERSONEN

3 SCHALOTTEN
2 KNOBLAUCH*zehen*
500 *gramm* RISOTTO-REIS (Z. B. CARNAROLI)
etwas WEIßWEIN
CA. 1,5 *l* HÜHNERBRÜHE ODER GEMÜSEFOND
5 LORBEER*blätter*
3 *Zweige* THYMIAN
150 *gramm* BUTTER
80 *gramm frisch gehobelter* PARMESAN

Die Schalotten schälen, klein schneiden und mit Knoblauch in nicht zu heißem Öl anschwitzen. Den Reis hinzufügen, ebenfalls kurz mit anschwitzen und anschließend mit Weißwein ablöschen. Danach mit heißem Hühnerfond auffüllen, Lorbeer und Thymian dazugeben und auf kleiner Flamme immer wieder reduzieren und mit dem restlichen Hühnerfond auffüllen.

Die Pfanne nach etwa zehn bis zwölf Minuten vom Herd nehmen, so dass das Risotto noch etwas Biss hat. Dann die Butter im Risotto schmelzen lassen und den frisch gehobelten Parmesan dazugeben. Kräftig rühren, bis eine cremige Konsistenz erreicht ist.

SAFRAN-RISOTTO

MIT PICCATA VOM BIO-HÜHNCHEN

ZUTATEN FÜR 4 PERSONEN

einige Fäden SAFRAN
2 BIO-HÄHNCHEN*brustfilets*
etwas ÖL ZUM BRATEN
200 *gramm* PARMESAN
3 EIER
etwas MEHL
etwas frische PETERSILIE
SALZ
PFEFFER AUS DER MÜHLE

Das Risotto nach dem oben stehenden Rezept zubereiten und nach dem Anschwitzen der Schalotten den Safran dazugeben. Die Hühnerbrust der Länge nach in drei Teile schneiden. Dann den geriebenen Parmesan mit den Eiern verquirlen.

Das Hähnchen mit Salz und Pfeffer würzen und in Mehl wenden, danach in dem Ei-Parmesan-Gemisch panieren. Nun die Hähnchenscheiben in einer heißen Pfanne ausbacken, bis sie eine goldgelbe Farbe angenommen haben. Zum Schluss mit frisch gehackter Petersilie garnieren.

VARIANTE 1
// Garnele // Koriander //
// Knoblauch // Mozzarella //
VARIANTE 2
// Aubergine // Zucchini //
// Zwiebeln // Mozzarella //
// geriebener Käse (z.B. Edamer)
VARIANTE 3
// Rinderhack // Tomate //
// Petersilie // Olivenöl //
// Paprika // Mozzarella //

BASIC PIZZATEIG

PIZZA BACKEN MIT MARKUS THORANDT

Unterstützung beim Pizzabacken haben wir uns von Markus Thorandt geholt. Der Abwehrspieler des FC St. Pauli ist ein echter Genussmensch und kocht auch Zuhause gerne mit seiner Frau Tina. Wir haben ihn gefragt, wie streng der Ernährungsplan eines Profikickers eigentlich ist und ob bei ihm auch mal eine Pizza aufgetischt werden darf: „Eigentlich dürfen wir alles essen, wenn der Zeitplan passt. Pizza gibt's bei mir auch mal – aber nicht gerade kurz vor Anpfiff," so Torre. Der gebürtige Augsburger spielt seit 2009 für den FC St. Pauli.

ZUTATEN FÜR 4 PIZZAFANS

- 1 *Würfel* HEFE (42 *gramm*)
- LAUWARMES WASSER 0,75 *Liter*
- 10 *EL* OLIVENÖL
- 4 *TL* SALZ
- 2 *TL* ZUCKER
- 1,25 *kg* MEHL (TYP 405)

FÜR DIE TOMATENSOßE

- 8 *große* TOMATEN
- 1 SCHALOTTE
- *etwas* KNOBLAUCH
- *einige* ROSMARIN*zweige*

Die Hefe im lauwarmen Wasser auflösen. Öl, Salz, Zucker und Mehl vermengen, die Hefe dazugeben und alles zu einem geschmeidigen Teig verarbeiten, bis der Teig nicht mehr an den Händen kleben bleibt.

Den Teig abgedeckt an einem warmen Ort etwa 45 Minuten gehen lassen.

Für die Tomatensoße die Tomaten kochen und mit der Schalotte, etwas Knoblauch und Rosmarinzweigen einkochen lassen. Zum Schluss mit einem Pürierstab kurz mixen.

Den Pizzateig auf der leicht bemehlten Arbeitsfläche ausrollen, auf Backpapier legen und mit Tomatensoße bestreichen. Zuerst mit Mozzarella und dann mit den anderen Zutaten nach Wunsch belegen. Den Backofen auf 250 Grad vorheizen und die Pizza je nach Bräunungswunsch fünf bis zehn Minuten backen.

[SLIM JIM'S]

KREATIVE PIZZA AM PFERDEMARKT

// DO IT YOURSELF //

PIZZA MAL ANDERS:
IM [SLIM JIM'S] BESTIMMEN DIE GÄSTE, WAS AUF DIE TEIGFLADEN KOMMT.

Gute Pizza war auf St. Pauli lange Zeit Mangelware. Rund um den Paulinenplatz gibt es zwar ein paar gute Adressen, ansonsten ist das Angebot aber eher dünn gesät. Das dachte sich auch Stefan Hütter. Der Inhaber des [SLIM JIM'S] am Pferdemarkt hatte zwar zunächst selbst keinen Plan vom Pizzabacken, aber ausreichend Fantasie und Geschmack. Zudem hat er mit Jule eine kongeniale Partnerin, deren Pizzakreationen bereits Freunde und Arbeitskollegen beglückt haben.

Neben ihrem kreativen Talent hat Jule aber auch das Wichtigste mitgebracht: ein wirklich gutes Teigrezept einer befreundeten Oma aus Italien. Wenig Hefe, lange Ziehzeiten von bis zu sechs Stunden und viel Mehl beim Ausrollen sind dafür besonders wichtig. Eine leckere Margherita und guter Mozzarella gehören ebenfalls zur Grundausstattung des Imbiss-Restaurants. Auch die Saucen, Mascarpone und Antipasti werden hier selbst gemacht. Das Gemüse für den Belag kommt frisch vom Gemüsehändler aus der Schanze.

Das [SLIM JIM'S] machte sich schnell einen Namen. Inzwischen verstärkt Andy das Team mit seinem Know-how. Gäste können sich aus rund zwanzig Belägen ihre eigene Pizzakreation zusammenstellen. Hin und wieder gibt es auch exotische Monatspizzen – etwa Pizza Lachsschinken auf Rucola mit Cherry-Tomaten und Honig-Senf-Dressing, Pizza Räuchertofu mit weißen Riesenbohnen, kandierter Paprika, scharfer Chilisoße und Koriander oder Pizza Fenchel mit Blutorange, Zuckerschoten und Chili-Hibiscuscreme.

WIE SCHMECKT DENN DAS?

MARKUS THORANDT

ABWEHRSPIELER DES FC ST. PAULI

DEINE MEINUNG ZUM **PROMI-DINNER?**

KOCHEN IST…?

GENIEẞER **ODER HEKTIKER?**

KATERFRÜHSTÜCK VOR DEM SCHLAFEN GEHEN?

WIE GUCKST DU, WENN DU **RICHTIG HUNGRIG BIST?**

Der Hamburger
Der Hamburger

VEGgies.

Chou de
Bruxelles
Chou-fleur
Chou
cœur-de-bœuf
Echalote
Asperge
Ail
©2013 Cavallini Papers & Co., Inc. - Printed in Korea on Italian paper

SALAT MIT CHIOGGIA-BETE

AN FRUCHTIGEN KUMQUATS UND KÖRNIGEM FRISCHKÄSE

Das fruchtige Salatrezept sorgt für frische Abwechslung auf dem Speiseplan. Der bunte Mix aus herber Chioggia-Bete, Blattsalaten und Kumquats ist außerdem eine echte Vitaminbombe.

ZUTATEN FÜR 4 PORTIONEN

3 *Chioggia*-BETEN (ROTE RINGELBETE)

1 *EL* KÜMMEL

4 STERNANISE

5 LORBEER*blätter*

SENF*körner*

GRÜNER KARDAMOM } 4 *Kapseln*

etwas WEIßER BALSAMICO

etwas HONIG

OLIVENÖL

200 *gramm* KUMQUATS (ZWERGORANGEN)

1 *EL* BUTTER

1 *EL* BRAUNER ROHRZUCKER

1 *kleine Stange* ZIMT

etwas WEIßWEIN

400 *gramm* GEMISCHTE FRISCHE BLATTSALATE

150 *gramm* KÖRNIGER FRISCHKÄSE

SALZ

PFEFFER AUS DER MÜHLE

Die Chioggia-Beten mit Schale in einen Topf mit Salzwasser geben und mit Kümmel, Sternanis, Lorbeer, Senfkörnern und Kardamom weichkochen. Anschließend das Gemüse abschrecken und mit den Händen die Schale abziehen. Danach in Scheiben schneiden und mit etwas Balsamico, Salz, Pfeffer, Honig und Olivenöl zwei Stunden marinieren.

Die Kumquats halbieren. Den Zucker in einem kleinen Topf karamelisieren lassen, mit Weißwein ablöschen und dann die Zimtstange und Kumquats hinzugeben. Danach die Butter hinzufügen, alles zusammen etwas reduzieren und dann abkühlen lassen.

Den Salat mit kaltem Wasser waschen, trocken schleudern und die Blätter mundgerecht zurecht zupfen. Die marinierte Chioggia-Bete und die Salatblätter mit den Fingern vermischen, etwas von der Marinade als Dressing hinzufügen, den Frischkäse über den Salat geben und die Kumquats darüber verteilen.

COUSCOUS-SALAT

MIT GESCHMORTEN MÖHREN UND BERBERITZEN

Couscous stammt aus der nordafrikanischen Küche. Ursprünglich war es ein Gericht des Berbervolkes, inzwischen ist es auch in Teilen Europas sehr beliebt. Leicht, lecker und schnell zubereitet, ist es das perfekte Essen für den kleinen oder großen Hunger, als Beilage oder als Hauptgericht.

ZUTATEN FÜR 4 PERSONEN

400 *gramm* MÖHREN
2 *EL* OLIVENÖL
1 *EL* PAPRIKAPULVER (EDELSÜß)
1 *EL* GARAM MASALA
1 ORANGE
4 STERNANISE
GRÜNER KARDAMOM } 6 *Kapseln*
300 *gramm* COUSCOUS
60 *gramm* GETROCKNETE BERBERITZEN
1 *kleines Bund* MINZE
100 *gramm* FRÜHLINGSLAUCH
2 *EL* TAHIN-PASTE (SESAMMUS)
etwas ZITRONENSAFT
400 *gramm* FETAKÄSE
SALZ

Die Möhren schälen, vierteln und auf einem Backblech auslegen. Danach mit etwas Olivenöl, Paprikapulver und Garam Marsala würzen. Im Ofen bei 220 Grad fünfzehn Minuten garen lassen und dabei einmal wenden. Die Orange waschen und schälen. 300 Milliliter Wasser mit der Orangenschale, Sternanis und Kardamom aufkochen und über den Couscous geben. Anschließend mit Klarsichtfolie abdecken und zehn Minuten ziehen lassen. Die getrockneten Berberitzen mit etwas heißem Wasser bedecken, zehn Minuten quellen und dann abtropfen lassen.

Die Minze waschen, kleinschneiden und den Frühlingslauch in sehr dünne Ringe schneiden. Minze, Lauch und Berberitzen mischen. Die Tahin-Paste mit etwas Zitronensaft und ca. acht Esslöffeln Wasser zu einer glatten Sauce verrühren und salzen.

Nun den Couscous auf einem Teller anrichten. Die geschmorten Möhren darauf verteilen. Mit der Tahinsauce beträufeln. Die Berberitzen-Mischung darauf geben und den Fetakäse darüber krümeln.

ST. PAULI
EIGENGEWÄCHSE

SÄEN, PFLANZEN, ERNTEN. IMMER HÄUFIGER WERDEN GEMÜSE UND KRÄUTER DIREKT IN DER NACHBARSCHAFT ANGEBAUT. **[URBAN GARDENiNG]** NENNT SICH DAS PHÄNOMEN, DAS AUCH AUF ST. PAULI VIELE FREUNDE HAT.

GARTEN EDEN AUF DEM [GARTENDECK ST. PAULI]

Hinter einem rostigen Eisentor in der Großen Freiheit liegt das [GARTENDECK ST. PAULI]. Auf dem Dach eines Parkhauses – nur einen Kirschkernwurf vom „Indra" und „Grünspan" entfernt – stehen unzählige mobile Beete, aus denen frisches Gemüse und Kräuter sprießen.

Kohlrabi, Möhren, Rhabarber, Kartoffeln, Rote Beete, Salbei, Bohnen: Mehr als 120 verschiedene Sorten werden hier auf 14.000 Quadratmetern Fläche angebaut. An zwei Tagen in der Woche kommen die Mitglieder des Vereins [GARTENDECK ST. PAULI]. Dann wird gesät, gepflanzt, gejätet, gegossen und geerntet. Sogar Bienen werden hier in eigenen Honigwaben gezüchtet.

Kommen und mitmachen kann praktisch jeder. Alle Interessierten haben so die Möglichkeit, lokale Lebensmittel zu produzieren und neue Formen urbaner Gemeinschaft mitzugestalten. Ein Highlight ist das gemeinsame Kochen und Essen, das einmal in der Woche stattfindet. Koch René kreiert dann aus den frisch geernteten Zutaten veganes Essen, das er in der provisorischen, aber gut ausgestatteten Open Air-Küche zubereitet. Bei unserem Besuch auf dem Gartendeck etwa gab es Pakora mit Kartoffeln, Rote Beete, Topinambur und Karotten sowie Curry aus Schwarzaugenbohnen mit Koriander und Hokkaido-Kürbis und ein Dal aus gelben Linsen mit Kümmel.

Besucher können gegen eine Spende mitessen. Im Sommer sitzen oft bis zu vierzig Personen aus der Nachbarschaft an der großen Tafel, lernen sich kennen und genießen das frische Essen made in St. Pauli.

GRÜNE MINNA

Entstanden auf einem Bauwagenplatz, ist die [**GRÜNE MINNA – UNDOGMATISCHE KÜCHE**] inzwischen seit rund vier Jahren eine feste Institution auf St. Pauli. Die politischen Ursprünge des offenen Kollektivs liegen in der Antira- und Antifa-Bewegung sowie in anderen globalisierungskritischen Gruppen. Alternative Wohnformen, selbstbestimmtes Leben und den Wunsch nach einer solidarischen Gesellschaft haben sich die Initiatoren auf die Fahne geschrieben.

Neben Austausch und Diskussionen zu drängenden Themen unterstützt das Kollektiv politische Projekte auch in Form von gutem Essen und gemeinsamem Kochen. Auf dem Speiseplan stehen dann vegane und vegetarische Gerichte. Initiator Christoph Laudon bekocht aus seinem Wagen Veranstaltungen politischer Art bis hin zu Ausstellungseröffnungen. So stellte die [**GRÜNE MINNA**] unter anderem auch das Catering für die jährlich stattfindende Millerntor Gallery – der Kunstvernissage von Viva con Agua de Sankt Pauli. Der Gewinn geht zu 100 Prozent in politische Projekte.

SOZIALE GÄRTEN FÜR ALLE

Frisches Gemüse wird auch im Karoviertel angebaut. Am Ende der Marktstraße am Westende des Ölmühlenplatzes ist in den letzten Monaten die sogenannte [**KEIMZELLE**] entstanden. Das Motto: Soziale Gärten für alle. Auch hier werden Tomaten, Kürbisse, Radieschen, Salate, Kartoffeln und andere Gemüsesorten angebaut und geerntet.

Die Beete befinden sich in selbstgezimmerten Holzkisten. Das Gemüse ist nicht für den privaten Verzehr gedacht, sondern wird gemeinschaftlich zubereitet und gegessen. Besonders beliebt sind die Cocktailkreationen, die mit frischen St. Pauli-Kräutern garniert werden.

PASTINAKEN-GNOCCHI

MIT HASELNUSS-ZITRONEN-BUTTER

Die kleinen italienischen Nocken – die oft für eine Pastasorte gehalten werden, aber keine sind – schmecken selbst gemacht besonders gut. In dieser Variante werden sie mit einem fast vergessenen Wintergemüse kombiniert. Die süßlichen Pastinaken wurden im 18. Jahrhundert fast vollständig durch Kartoffeln und Karotten verdrängt. Nun erleben sie ihr verdientes Comeback.

ZUTATEN FÜR 4 PERSONEN

300 *gramm* PASTINAKEN
400 *gramm* KARTOFFELN
3 EIGELB
50 *gramm* WEIZENSTÄRKE
150 *gramm* MEHL
etwas frisch geriebener MUSKAT
1 *Bund* KERBEL
100 *gramm* PARMESAN
SALZ
PFEFFER AUS DER MÜHLE

FÜR DIE HASELNUSS-ZITRONEN-BUTTER

30 *gramm* HASELNÜSSE
1 *Bio*-ZITRONE
150 *gramm* BUTTER

Zunächst die Pastinaken halbieren, auf ein Backblech legen und mit Alufolie abdecken. Anschließend bei 180 Grad dreißig Minuten im Ofen garen. Die Kartoffeln schälen, weich kochen und im leicht geöffneten Ofen etwa drei bis vier Minuten in der Resthitze ausdampfen lassen, bis die Feuchtigkeit entwichen ist. Anschließend durch eine Kartoffelpresse drücken.

Von den Pastinaken den weichen inneren Kern auskratzen und mit der Kartoffelmasse vermischen. Das Eigelb, die Weizenstärke und das Mehl dazugeben und etwa zwanzig Minuten ruhen lassen. Danach den Teig auf einer mehlierten Arbeitsplatte zu einer langen Rolle formen und in etwa ein Zentimeter dicke Gnocchi schneiden. Diese in leicht siedendem Wasser kochen. Wenn die Gnocchi aufsteigen, sind sie fertig und können herausgenommen werden. Anschließend kurz in kaltem Wasser abschrecken.

Für die Haselnuss-Zitronen-Butter die Nüsse grob hacken und von der Zitrone mit einer Gemüseraspel dünne Streifen abziehen. Die Butter in einem kleinen Pfännchen erwärmen, bis sie goldbraun ist. Dann die Haselnüsse und den Zitronenabrieb dazugeben und kurz zusammen aufschäumen lassen. Anschließend die Gnocchi hinzufügen und in der Pfanne schwenken. Mit Salz, Pfeffer und Muskat abschmecken. Dann mit etwas frisch gezupftem Kerbel und gehobeltem Parmesan anrichten.

KÜRBIS-RISOTTO

MIT GEBRATENEN SEMMEL-STOPPELPILZEN

ZUTATEN FÜR 4 PERSONEN

1 *kleiner* HOKKAIDOKÜRBIS
MEERSALZ
einige Zweige THYMIAN
1 LORBEER*blatt*
OLIVENÖL *zum Braten*
FRISCHE SEMMEL-STOPPELPILZE } 200 *gramm*
etwas ACETO BALSAMICO
1 *Bund* KERBEL

FÜR DAS RISOTTO

4 SCHALOTTEN
2 KNOBLAUCH*zehen*
600 *gramm* RISOTTO-REIS (Z.B. CARNAROLI)
etwas WEIßWEIN
1,5 *l* GEMÜSEBRÜHE
4 LORBEER*blätter*
3 *Zweige* THYMIAN
150 *gramm* BUTTER
frisch gehobelter PARMESAN

Den Kürbis schälen, halbieren und das Kerngehäuse entfernen. Das Fruchtfleisch in kleine Würfel schneiden. Etwa die Hälfte der Kürbisschale mit 500 Milliliter Wasser in einen Topf geben und mit Meersalz, Thymian und einem Lorbeerblatt ca. zwanzig Minuten köcheln lassen. Auf etwa 350 Milliliter einkochen und mit dem Stabmixer pürieren.

Die Kürbiswürfel in einer Pfanne mit etwas Olivenöl anbraten. Das Risotto nach dem Grundrezept von Seite 117 zubereiten, statt der Gemüsebrühe jedoch den gekochten Kürbisfond verwenden. Dann den angebratenen Kürbis zum fertigen Risotto geben.

Die Semmel-Stoppelpilze putzen und in nicht zu kleine Scheiben schneiden. Danach in Olivenöl scharf anbraten und mit etwas Balsamico beträufeln. Den frisch gezupften Kerbel zu den Pilzen hinzufügen. Risotto auf einem Teller anrichten, die gebratenen Pilze darüber geben und servieren.

№37

VEGGIEBURGER

MIT HALLOUMI-KÄSE, OCHSENHERZ UND AVOCADO

Keine Angst, für unseren vegetarischen Burger musste kein Ochse sein Herz lassen. Er wurde nach einer hierzulande eher unbekannten Tomatensorte benannt, die wegen ihrer herzförmigen Gestalt und Größe den Namen Ochsenherztomate trägt. In unserem Rezept sorgt sie für die richtige Vitamindosis und gibt dem Burger zusammen mit der Avocado einen fruchtigen Touch.

Zu diesem Hamburger passt ein mit schwarzem Sesam bestreuter Hamburger Bun.

ZUTATEN FÜR 4 PERSONEN

- 4 HAMBURGER BUNS (SIEHE REZEPT S. 66)
- *etwas* SCHWARZER SESAM
- 200 *gramm* HALLOUMI-KÄSE
- *etwas* ÖL ZUM BRATEN
- 2 *Ochsenherz*-TOMATEN
- 1 AVOCADO
- 150 *gramm* JOGHURT
- *etwas* EICHBLATTSALAT
- SALZ
- PFEFFER AUS DER MÜHLE

Die Hamburger Buns nach Rezept zubereiten. Die gebackenen Brötchen zum Schluss mit etwas schwarzem Sesam bestreuen.

Den Halloumi-Käse mit den Ochsenherztomaten in einer Grillpfanne kurz anbraten. Die Avocado schälen und in Scheiben schneiden. Für die Soße eine halbe Ochsenherztomate kurz pürieren, mit dem Joghurt mischen und mit Salz und Pfeffer würzen.

Die Hamburger Buns aufschneiden, mit dem Halloumi-Käse, den gegrillten Tomaten, dem Eichblattsalat und den Avocadoscheiben belegen und etwas von der Soße darüber geben.

Rabauken
Futter

LE SABLÉ DE L'ABBAYE

ELBFISCH LÜTTEN DEERN

RAVIOLI MIT RINDERHACK UND FRUCHTIGER TOMATENSOßE

Wie bekommt man eine Unterwasserwelt für Kinder auf den Teller?
Wir zeigen wie es geht und bringen Kinderaugen zum Strahlen.

ZUTATEN FÜR 4 RABAUKEN

1 KAROTTE
2 ZWIEBELN
400 *gramm* RINDERHACK
1 *EL* TOMATENMARK
5 *fruchtige* TOMATEN
1 *kleine* KNOBLAUCHZEHE
1 *EL* BUTTER
1 *TL* BIO-BIENENHONIG
etwas ZITRONENSAFT
1 *kleines Bund* DILL
1 *kleines Bund* PETERSILIE
100 *gramm* PARMESAN
AUSSTECHFORMEN IN FISCHFORM
SALZ
PFEFFER AUS DER MÜHLE

FÜR DEN NUDELTEIG

10 EIER
1 *kg* WEIZENMEHL (TYP 405)
3 *EL* OLIVENÖL
LAUWARMES WASSER } 1 *kleine Tasse*

Für den Nudelteig Eier, Mehl und Olivenöl vermengen, dann eine halbe Tasse lauwarmes Wasser dazugeben und verkneten, bis der Teig geschmeidig ist. Diesen anschließend eine Stunde im Kühlschrank ruhen lassen.

Die Karotte und eine Zwiebel schälen, in feine Würfel schneiden und in einem Topf farblos anschwitzen, bis die Zwiebeln glasig werden. Dann das Hackfleisch dazugeben und einen Esslöffel Tomatenmark hinzufügen. Mit etwas Salz und Pfeffer würzen.

Die Tomaten über Kreuz einritzen, in heißem Wasser zwanzig Sekunden kochen lassen und dann häuten. Eine Zwiebel und den Knoblauch klein schneiden und in einer Pfanne mit einem Esslöffel Butter anschwitzen. Anschließend den Honig hinzufügen, die Tomaten vierteln und ebenfalls dazugeben. Alles zusammen in der Pfanne erneut anschwitzen. Die Tomatensoße anschließend etwa dreißig Minuten köcheln lassen und mit Salz, Pfeffer und einem Spritzer Zitrone abschmecken.

Jetzt den Nudelteig ausrollen. Dazu den Teig mit etwas Mehl bestäuben. Wer eine Nudelmaschine hat, kann den Teig auf Stufe 6 ausrollen. Danach den Vorgang wiederholen und auf Stufe 2 ausrollen, sodass der Teig schön dünn ist. Auf der Hälfte des ausgerollten Teiges die Fische mit den Ausstechformen vorzeichnen (Form leicht andrücken), dann mit dem Eiweiß bestreichen und das Hack in die Mitte der Fische geben. Die andere Hälfte des Teiges darüber klappen und mit den Ausstechformen die Ravioli ausstechen. Anschließend die fertigen Ravioli-Fische ca. zwei Minuten in kochendem Salzwasser fertig kochen.

Die Tomatensoße auf Teller geben, die Ravioli-Fische darauf legen, mit etwas Petersilie und Dill garnieren und frisch geriebenen Parmesan darüber streuen.

SÜẞKARTOFFELPOMMES

MIT NUSSIGEM ZIEGENFRISCHKÄSE

Pommes müssen nicht immer nur salzig sein. Mit ihrem süßlichen und nussigen Geschmack bietet die Süßkartoffel-Variante Abwechslung auf dem Teller und schmeckt nicht nur kleinen Leckermäulern.

ZUTATEN FÜR 4 POMMES-FANS

500 *gramm* SÜẞKARTOFFELN
700 *ml* FRITTIERÖL
20 *gramm* MANDELN
20 *gramm* HASELNÜSSE
20 *gramm* WALNÜSSE
125 *gramm* NATURJOGHURT
250 *gramm* ZIEGENFRISCHKÄSE
EINIGE *Blätter* FRISCH GEZUPFTE PETERSILIE
SALZ
PFEFFER AUS DER MÜHLE

Die Süßkartoffeln schälen und in sechs Streifen von ca. 0,5 Zentimetern schneiden. Bei 150 Grad in der Fritteuse ca. eine Minute vorfrittieren. Dann auf etwas Küchentuch abtropfen lassen.

Die Nüsse mit einem Messer hacken, Naturjoghurt und Frischkäse vermengen, mit den Nüssen vermischen und mit Salz und Pfeffer würzen. Anschließend die frisch gezupfte Petersilie unterheben.

Die Pommes ein weiteres Mal in der Fritteuse bei ca. 190 Grad knusprig ausbacken und danach kurz abtropfen lassen. Dann auf bunte Teller legen und über jede Portion einen Klecks von dem nussigen Frischkäse geben.

Von
Emilia
2012

FISCH STÄB-CHEN

KNUSPRIGER SEELACHS MIT QUETSCHKARTOFFELN UND BLATTSPINAT

ZUTATEN FÜR 4 LEICHTMATROSEN

400 *gramm* SEELACHSFILET
etwas WEIZENMEHL
2 EIER
100 *gramm* PANKO-MEHL
etwas PFLANZENÖL

500 *gramm* KARTOFFELN
70 *gramm* BUTTER
100 *ml* MILCH
FRISCHER BLATTSPINAT } 400 *gramm*

frisch geriebener MUSKAT
SALZ
SCHWARZER PFEFFER AUS DER MÜHLE

Zunächst das Seelachsfilet in etwa acht Zentimeter große Stücke schneiden. Diese danach längs legen und in 1,5 Zentimeter breite Scheiben zerteilen. Dann salzen und mit Mehl bestäuben. Anschließend die Eier aufschlagen und mit einer Gabel verquirlen. Die Fischfilets erst im geschlagenen Ei und dann in Panko-Mehl wenden. Danach in der Pfanne in heißem Öl von beiden Seiten ca. eine Minute goldbraun braten.

Für das Kartoffelpüree die Kartoffeln schälen und garkochen. Dann kurz abkühlen lassen und durch eine Kartoffelpresse drücken. Als nächstes die Kartoffelmasse in einen Topf geben, auf kleiner Stufe langsam erwärmen und mit einem Holzlöffel glattrühren. Zum Schluss 50 Gramm Butter und die Milch dazugeben.

Für die Zubereitung des Spinats diesen waschen und die Stiele entfernen. Danach den Spinat mit der restlichen Butter kurz in einer Pfanne anschwitzen und mit Salz, Pfeffer und Muskat würzen. Die Fischstäbchen im heißen Pflanzenöl knusprig ausbacken. Anschließend den Fisch auf einem Küchentuch abtropfen lassen. Danach zusammen mit dem Kartoffelpüree und dem Spinat anrichten.

Kk Ll
1 2 3 4 5

PIRATENSCHIFF

HAUSGEMACHTE PIZZA MIT MOZZARELLA, SALAMI UND PETERSILIE

Pizza ist das Lieblingsessen vieler Kindern. Als Piratenschiff ist sie nicht nur schön anzusehen, sondern schmeckt auch richtig lecker. Außerdem können die kleinen Piraten hier mitmischen und ihr Schiff selbst gestalten: Mit Salami lassen sich zum Beispiel schöne Wellen formen und mit Tomatensoße kann der Bug bestrichen oder eine Flagge bemalt werden.

ZUTATEN FÜR 4 PIRATENMÄULER

FÜR DEN TEIG

1 *Würfel* HEFE (42 *gramm*)
1,25 *kg* MEHL (TYP 405)
10 *EL* OLIVENÖL
4 *TL* SALZ
2 *TL* ZUCKER
0,75 *l* LAUWARMES WASSER

FÜR DIE TOMATENSOẞE

8 *große* TOMATEN
2 SCHALOTTEN
etwas KNOBLAUCH
einige ROSMARIN*zweige*

ZUM BELEGEN

MOZZARELLA
SALAMI
PETERSILIE

Die Hefe im lauwarmen Wasser auflösen. Öl, Salz, Zucker und Mehl vermengen, die Hefe dazugeben und alles zu einem geschmeidigen Teig verarbeiten, bis der Teig nicht mehr an den Händen kleben bleibt. Danach den Teig abgedeckt an einem warmen Ort etwa 45 Minuten gehen lassen.

Für die Tomatensoße die Tomaten kochen und mit den Schalotten, etwas Knoblauch und Rosmarinzweigen einkochen lassen, zum Schluss mit einem Pürierstab kurz mixen.

Den Pizzateig auf einer leicht bemehlten Arbeitsfläche ausrollen und mit einem Messer aus dem Teig ein Piratenschiff ausschneiden. Dieses auf Backpapier legen, mit der Tomatensoße bestreichen und mit Mozzarella, Salami und etwas frisch gehackter Petersilie belegen. Den Backofen auf 250 Grad vorheizen und die Pizza je nach Bräunungswunsch acht bis zehn Minuten backen.

SCHLUSS

Pfiff
AFM

BAHN FREI, KARTOFFE
GOOD NIGHT WHITE PRIDE
S.O.S.
AKTION
SPACE INVADERS AGAINST ANTISEMITISM
AZIONE ANTIFASCISTA
PFEFFI STATT PFEFFERSPRAY
ANTIFASCHISTISCHE
ANTIFASCHISTISCHE & FEMINISTISCHE DEMONSTRATION
SEA TO SUMMIT

BOMBI ST. PAULI

SCHOKOBOMBEN MIT SCHWARZEM VANILLEEIS

Wer an St. Pauli in den 1980er-Jahren zurückdenkt, dem kommen vor allem besetzte Häuser und Straßenschlachten in der Hafenstraße in den Sinn. Unsere Bomben haben es genauso in sich – und das nicht nur wegen ihres pechschwarzen Inneren.

ZUTATEN FÜR 4 BOMBEN

- 1 VANILLE*schote*
- 500 *ml* SAHNE
- 500 *ml* MILCH
- 12 EIGELB
- 160 *gramm* ZUCKER
- 3 *Päckchen* TINTENFISCHTINTE
- 8 SCHOKOLADEN*halbkugeln* (6,5 CM X 3,5 CM), IM FEINKOSTHANDEL ERHÄLTLICH (Z.B. IM DELTA MARKT AUF ST. PAULI)
- ZARTBITTER KUVERTÜRE 150 *gramm*
- EIS*maschine*

Zunächst die Vanilleschote längs aufschneiden und mit einem Messer das Mark herausschaben. Die Sahne mit der Milch und dem Vanillemark zusammen aufkochen. Eigelb und Zucker mit der Tintenfischtinte über einem warmen Wasserbad mit dem Schneebesen schaumig aufschlagen. Die leicht abgekühlte Vanillemilch dazugeben und nochmals über dem Warmwasserbad langsam verrühren, bis eine dickflüssige Masse entsteht. Die Eismasse kaltrühren und danach in der Eismaschine gefrieren lassen.

Das gefrorene Vanilleeis danach in vier Schokoladenhalbkugeln füllen und mit der anderen Hälfte zu einer Kugel verbinden. Die Kugeln eine Stunde im Tiefkühlschrank durchkühlen lassen. Dann die Kuvertüre hacken, schmelzen und die Schokoladenbomben durch die leicht abgekühlte, aber immer noch flüssige Schokolade ziehen. Die Schokolade dann etwas ablaufen lassen und die Kugeln auf ein Backpapier setzen. Etwa sechs Stunden im Gefrierfach durchfrieren lassen. Die Bomben etwa zwanzig Minuten vor dem Servieren aus dem Tiefkühlschrank nehmen und zum Antauen in den Kühlschrank stellen.

Kurz vor dem Servieren etwas von der Kuvertüre raspeln und die restliche Menge über einem Warmwasserbad schmelzen. Die Bomben mit etwas warmer Schokolade übergießen, bis sie sich öffnen, und mit Schokoladenraspeln garnieren.

ST. PAULI MEETS CELTIC

HIER TREFFEN UNSERE LIEBLINGSVEREINE IN SÜßER FORM AUFEINANDER

ZUTATEN FÜR 4 NEUE FANFREUNDSCHAFTEN

KOKOSBISKUIT

150 *gramm* ZUCKER
60 *gramm* KOKOSRASPEL
5 EIER
2 *EL* MEHL
1 *TL* BACKPULVER

WHISKEY MOUSSE

125 *gramm* BLONDE SCHOKOLADE (Z. B. DULCEY)
4 *cl* WHISKY (SCOTCH)
2 EIGELB
1 *Blatt* GELATINE
200 *ml* SAHNE

SAUERKLEE-EIS

1 *Bio*-LIMETTE
250 *ml* MILCH
250 *ml* SAHNE
8 EIGELB
175 *gramm* ZUCKER
1 *Bund* SAUERKLEE
EIS*maschine*

HIMBEERGELEE

200 *gramm* FRISCHE HIMBEEREN
150 *ml* ROTER JOHANNISBEERSAFT
3 *Blatt* GELATINE
4 AUSSTECH*formen* (LÄNGE: 8 CM, HÖHE: 3 CM)

KOKOSBISKUIT // Eier trennen, Eiweiß und Zucker aufschlagen, bis die Masse eine steife Konsistenz hat. Die übrigen Zutaten in einem anderen Gefäß etwa vier Minuten schaumig aufschlagen und dann mit der Ei-Zucker-Masse vermischen. Ein Backblech mit Backpapier auslegen und die Biskuitmasse fünf Millimeter dick ausgießen. Bei 190 Grad ca. sieben Minuten ausbacken.

WHISKEY MOUSSE // Die Kuvertüre hacken und in einem Wasserbad schmelzen. Das Eigelb und den Whiskey in einem Warmwasserbad mit einem Schneebesen schaumig aufschlagen. Die Gelatine in kaltem Wasser auflösen und zur warmen Eimasse dazugeben. Dann die Sahne mit einem Handmixer steif schlagen. Anschließend die Kuvertüre bei gleicher Temperatur zur Eimasse geben. Zum Schluss die geschlagene Sahne unterheben.

SAUERKLEE-EIS // Von der Limette mit einer Gemüseraspel dünne Streifen abziehen. Milch, Sahne und Limettenabrieb in einem Topf ca. zehn Minuten einkochen lassen. Eigelb und Zucker über einem Wasserbad schaumig aufschlagen. Dann das Milch-Sahne-Gemisch durch ein Sieb langsam in die Ei-Masse geben und dabei schnell einrühren. Anschließend die Masse wieder über das Warmwasserbad stellen und so lange verrühren, bis eine dickflüssige Konsistenz entsteht. Danach auf einem Eiswasserbad kaltrühren. Die Kleeblätter grob zupfen, zur Eismasse geben und in einer Eismaschine gefrieren lassen.

HIMBEERGELEE // Den Johannisbeersaft kurz aufkochen lassen und dann die eingeweichte Gelatine dazugeben. Die Törtchen aus dem Kühlschrank nehmen und mit frischen Himbeeren garnieren. Den Johannisbeersaft kurz bevor er zu gelieren beginnt über die Himbeeren gießen und danach im Kühlschrank ca. drei Stunden auskühlen lassen.

ZUSAMMENFÜHRUNG // Den Kokosbiskuit mit den Förmchen ausstechen. Das Whiskey Mousse in einen Spritzbeutel geben und etwa 0,5 cm dick auf dem Biskuit in der Ausstechform anrichten. Dann für ca. 30 Minuten in den Kühlschrank stellen. Zum Schluss mit einem kleinen Messer die Törtchen aus der Form lösen und auf einem Teller anrichten. Dazu eine Kugel Sauerklee-Eis geben und mit etwas Klee servieren.

KÄSETÖRTCHEN MIT BANANE UND HIMBEEREN

BEI UNS WIRD DER KUCHENKLASSIKER ALS FRUCHTIGE MINI-VARIANTE AUFGETISCHT

Käsekuchen mal anders: als fluffiger Minikuchen mit Früchten wird er noch warm serviert. Ein Traum für alle Süßschnuten! Wer nicht schnell genug ist, ist selbst schuld - bei uns war innerhalb von Sekunden alles weg.

ZUTATEN FÜR 4 KLEINE KUCHEN

3 EIER
150 *gramm* ZUCKER
1 VANILLE*stange*
1 *Bio*-ZITRONE
500 *gramm* QUARK
50 *gramm* SPEISESTÄRKE
50 *gramm* BUTTER
1 *Prise* SALZ
1 BANANE
100 *gramm* HIMBEEREN
1 *EL* PUDERZUCKER

2 KLEINE BACK*förmchen* (CA. 12 CM)
etwas BUTTER UND ZUCKER ZUM EINFETTEN DER BACK*förmchen*

Eigelb und Eiweiß trennen. Dann die Eigelbe mit 80 Gramm Zucker schaumig schlagen. Die Vanillestange auskratzen und die Schale der Zitrone fein abreiben. Danach das Vanillemark zusammen mit dem Zitronenabrieb, dem Quark und der Speisestärke zur Eimasse geben und verrühren. Anschließend die Butter erhitzen und flüssig unterziehen. Dann das Eiweiß mit 70 Gramm Zucker und einer Prise Salz steif schlagen und unter den Vanillequark heben.

Die Backförmchen von innen mit Butter einreiben und mit etwas Zucker bestreuen. Den Vanillequark etwa bis zur Hälfte einfüllen. Die Banane schälen und in Scheiben schneiden. Zusammen mit den Himbeeren in die Förmchen legen und vorsichtig unterheben.

Die kleinen Kuchen im vorgeheizten Backofen bei 170 Grad etwa fünfzehn Minuten backen. Vor dem Servieren mit etwas Puderzucker bestreuen.

BICKBEER-HEFEKUCHEN VOM BLECH

MIT DICKEN STREUSELN UND VANILLECREME

Wer nicht weiß, was gemeint ist: Bickbeer ist Plattdeutsch und steht für Blaubeeren. Mit ihnen und extra dicken Streuseln wird unsere Variante des Kuchenklassikers besonders unwiderstehlich. Am Besten den Kuchen ganz frisch und noch warm genießen.

ZUTATEN FÜR EINEN BLECHKUCHEN

FÜR DEN HEFETEIG

1 *Würfel* FRISCHE HEFE (42 *gramm*)
250 *ml* LAUWARME MILCH
1 *Msp* SALZ
500 *gramm* MEHL
120 *gramm* ZUCKER
50 *gramm* BUTTER

FÜR DIE STREUSEL

100 *gramm* ZUCKER
100 *gramm* KALTE BUTTER
150 *gramm* MEHL

FÜR DIE VANILLECREME

250 *ml* MILCH
100 *ml* SAHNE
25 *gramm* ZUCKER
20 *gramm* SPEISESTÄRKE
2 EIGELB
1 *halbe* VANILLE*schote*

FÜR DEN BELAG

500 *gramm* BICKBEEREN (BLAUBEEREN)

Für den Kuchenteig die Hefe in der lauwarmen Milch kurz auflösen und mit dem Salz, der Hälfte von dem Mehl und dem Zucker vermengen und den Teig gut durchkneten. Danach die Teigmasse mit einem Tuch abdecken und an einem warmen Ort 45 Minuten gehen lassen.

Die Butter erwärmen, bis sie flüssig ist und mit dem restlichen Mehl zu dem Vorteig geben. Diesen nochmals durchkneten und wieder abgedeckt an einem warmen Platz etwa dreißig Minuten gehen lassen. Für die Streusel Zucker, Butter und Mehl gut verkneten und zunächst ruhen lassen.

Zur Herstellung der Vanillecreme als Erstes die Vanilleschote längs aufschneiden und das Mark auskratzen. Dann alle Zutaten in einem Topf mit einem Schneebesen kalt vermischen und bei ständigem Rühren auf kleiner Flamme aufkochen lassen.

Den Hefeteig mit einem Nudelholz ausrollen und auf einem gefetteten Blech auslegen.

Anschließend mit der Vanillecreme bestreichen. Die Bickbeeren waschen, abtropfen lassen und danach nebeneinander auf dem Teig anrichten und mit den Streuseln bedecken. Bei 175°C im Ofen 25 Minuten backen.

HANDARBEIT

SELBSTGEMACHTES ESSEN …
… IST AUF ST. PAULI IMMER STÄRKER GEFRAGT.

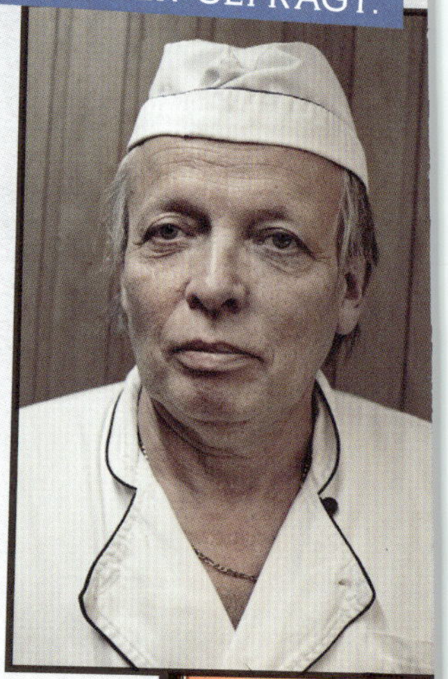

Ein echter Renner ist **// HERR MAX //**. Auf der Homepage wird der Kunde begrüßt mit den Worten „Zum Naschen bist du auf der Welt". Im Laden weht einem ein wohliger Kaffeegeruch entgegen und die Theke begeistert mit den schönsten Schautorten der Stadt. Die Figuren und Elemente, die Inhaber Matthias Max auf Hochzeitstorten zaubert, sind an Comic, Kunst und Street Art angelehnt und ein echter Hingucker. Zu den Dauerbrennern zählen der kanadische Käsekuchen, die Kirsch-Rosmarin-Tarte, die Blaubeer-Gries-Tarte, die Absinth-Trüffel und vieles mehr.

Eine echte Legende ist die kleine, aber feine Konditorei // **RÖNNFELD** // in der Hein-Hoyer-Straße, die dort schon seit 1958 Kuchen und Torten anbietet. Neben den aufwendig verzierten Torten, die Inhaber Holger Rönnfeld liebevoll zu jedem gewünschten Anlass zubereitet, gehen hier am häufigsten die „Leipziger Lerchen" über die Ladentheke. Die Variante des Makronentörtchens gibt es bei Rönnfeld seit dem Eröffnungstag. Das Rezept dafür stand im Lehrlingsbuch des Vaters von 1942. Aber auch die Mandelhörnchen, die Zimtsterne und der Honigkuchen sind eine Sünde wert.

LUICELLA'S ICE CREAM

In // **LUICELLA'S ICE CREAM** // in der Detlev-Bremer-Straße gibt es fair gehandelten Kaffee und ausgefallene Eissorten wie Cheesecake, Avocado oder Matcha-Tee. Die Liebe zum Eis, ein Auslandssemester in Italien und viel Eiscreme in Kalifornien haben die beiden Gründer, Luisa Mentele und Markus Deibler, dazu gebracht, sich ihren Traum zu erfüllen. Seit 2013 machen sie ihr eigenes Eis, für das weder Geschmacksverstärker noch Aromen verwendet werden. Wie die leckeren Kreationen hergestellt werden, können Besucher im eigenen „Eislabor" beobachten, das von der Verkaufstheke aus sichtbar ist.

MANGO-MARACUJA-ROLLE

MIT SELBST GEMACHTER FRUCHTMARMELADE UND BUTTERCREME

Svens Hommage an Oma Inge: „Die cremig-fruchtige Rolle schmeckt immer und gibt es bei mir noch heute zu jeder Festlichkeit.", schwärmt er.

ZUTATEN FÜR EINE LECKERE ROLLE

FÜR DEN BISKUIT

4 EIER
4 *EL* KALTES WASSER
150 *gramm* ZUCKER
150 *gramm* MEHL (TYPE 450)
1 *TL* BACKPULVER

FÜR DIE MARMELADE

1 MANGO
4 MARACUJAS
etwas MINERALWASSER
1 *Blatt* GELATINE
150 *gramm* GEHOBELTE MANDELN
1 *TL* ZUCKER

FÜR DIE BUTTERCREME

1 VANILLE*schote*
500 *ml* MILCH
50 *gramm* WEIZENSTÄRKE
3 EIGELB
50 *gramm* ZUCKER
75 *gramm* PUDERZUCKER
150 *gramm* BUTTER

Für den Biskuit zunächst die Eier trennen, das Eiweiß mit Wasser steif schlagen und den Zucker und das Eigelb hinzufügen. Danach Mehl und Backpulver einrieseln lassen. Die Masse auf ein mit Backpapier ausgelegtes Backblech gießen, gleichmäßig verteilen und glatt streichen. Dann den Kuchen bei 170 Grad ca. fünfzehn Minuten backen.

Als nächstes ein Geschirrtuch ausbreiten und großzügig mit Zucker bestreuen. Den heißen Biskuit mit dem Backpapier nach oben auf das Geschirrtuch legen, das Papier abziehen und den heißen Teig sofort mit dem Tuch aufrollen.

Für die Fruchtmarmelade die Mango schälen und würfeln. Die Maracujas halbieren, mit einem Löffel die Fruchtkerne entfernen und mit etwas Mineralwasser zusammen mit der Mango fünf Minuten auf kleiner Hitze einkochen lassen. Die Gelatine in kaltem Wasser einweichen und dann in der warmen Mango-Maracujasauce auflösen.

Anschließend für die Buttercreme die Vanilleschote längs aufschneiden und mit einem Messer das Mark herausschaben. Die Vanilleschote und das Mark mit der Milch, Weizenstärke, Eigelb und Zucker in einem Topf auf kleinster Flamme unter ständigem Rühren erhitzen, bis eine cremige Puddingmasse entsteht. Dann die Masse etwas abkühlen lassen. Den Puderzucker in die handwarme Butter sieben und beides miteinander vermischen. Dann die lauwarme Vanillecreme langsam in die Buttermischung einrühren.

Den Biskuitteig ausrollen und mit der Hälfte der Buttercreme circa 0,5 Zentimeter dick einstreichen. Danach die eingekochte Mango-Maracuja-Marmelade darüber geben und den Teig einrollen. Die Rolle jetzt auch von außen mit der Buttercreme bestreichen.

Die Mandeln mit einem Teelöffel Zucker in einer Pfanne knusprig braun karamellisieren und danach auf der Rolle verteilen.

Wodka, selbstgem. Vanillezucker, Zitrone
Polnischer Abgang To Go
Grasouka, Apfelsaft, Minze, H2O 6,50
Möwenschiss 2cl=2,20 5x=8,-
Korn, Pumpernickel, Sahnemeerrettich
Rhababsi/Apfelstrudel 2cl=2,- 6x=8,-
Schwarze Möwe/Mexikaner
GinBasil Smash 8,-
Tanqueray, Basilikum, Zitrone, Zucker
Aperol Sour 6,-
Aperol, Zitrone, Zucker
Lecker!
Hassu-Noch'n-Schnaps?
5x2cl=8,-
2cl=2,-
El Diablo
Tequila silver
Gingerbeer, Lime
Cassissée
7,50
APEROL
MARTINI
CAMPARI
GRASOVKA
Es dürt mer in de Seele weh, wenn ich im Krug de Boden seh!
de Kopp!

HINTER
die
BINDE
Crystal Möth© 7,50
Tanqueray, Holunderblüte, Zitrone, Blue Curaçao, H2O
© Walter White
Hot Toddy 5,-
heißes Wasser &
Ingwer, Zitrone, Whiskey, Zucker
KEEP CALM AND HAVE A PIMMS
6,50
HENDRICK'S
Tanqueray
LONDON DRY GIN
PIMM'S
SOUTHERN COMFORT

PUFFREISE MIT SCHARFER REAKTION

SCHOKOPUFFREIS MIT GEWÜRZ-EIERLIKÖR UND CHILI-ÖL

Dieser besondere Drink kommt mit der richtigen Schärfe und einem eigenen essbaren Glas aus schokoladigem Puffreis daher. Ganz klar: Unsere Puffreise ist eine Sünde wert!

ZUTATEN FÜR 4 PERSONEN

- 200 *gramm* HOCHWERTIGE MILCHSCHOKOLADE (Z. B. VALRHONA)
- 1 *Tüte* PUFFREIS
- 4 *runde* SILIKON*formen* (0,2 L, TRINKGLAS-FORM)
- 4 *Pipetten* (IN APOTHEKEN ERHÄLTLICH ODER IM FEINKOSTHANDEL, Z. B. DELTA MARKT AUF ST. PAULI)

FÜR DEN GEWÜRZ-EIERLIKÖR

- 5 EIGELB
- GRÜNER KARDAMOM } 5 *Kapseln*
- 1 *halbe* VANILLE*schote*
- 5 SAFRAN*fäden*
- 2 STERNANISE
- 1 *kleines Stück* ZIMT*stange*
- 2 GEWÜRZNELKEN
- 250 *ml* MILCH
- 125 *gramm* ZUCKER
- 125 *ml* HANSEN RUM (42 %)

FÜR DIE SCHARFE REAKTION

- *etwas* OLIVENÖL
- 1 *Msp* CHILIPULVER
- 1 *Msp* FIVE-SPICE POWDER (ERHÄLTLICH Z. B. IM ASIA-SHOP)

Die Schokolade grob hacken und in einer Schüssel über einem Warmwasserbad schmelzen. Dann abkühlen, aber nicht erkalten lassen, so dass sie immer noch flüssig ist.

Den Puffreis mit der flüssigen Schokolade mischen und in die runden Silikonformen füllen. Danach im Kühlschrank etwa zwei Stunden auskühlen lassen.

Für den Gewürz-Eierlikör die Eier zusammen mit den Gewürzen, der Milch und dem Zucker mit einem Schneebesen über einem Wasserbad aufschlagen. Sobald die Masse eine cremige Konsistenz angenommen hat, den Rum dazu gießen und über einem Eiswasserbad kaltschlagen.

Etwas Olivenöl mit Chilipulver und Five-Spice Powder mischen und in eine Pipette ziehen. Danach die Schokolade aus den Silikonformen nehmen und mit dem Eierlikör füllen. Dazu die scharfe Pipette servieren.

[KOGGE]
PREIS: 1,50 EURO
GESCHMACK:
SCHARF
(GANZE PFEFFERKÖRNER)

[CLOCHARD]
PREIS: 1,10 EURO
GESCHMACK:
HART

[MARY'S TREFF]
PREIS: 1,50 EURO
GESCHMACK:
TOMATIG, MILD

[SEILERHÜTTE]
PREIS: 0,80 EURO
GESCHMACK:
LEICHT,
NICHT ZU SCHARF

[KIEK UT]
PREIS: 1,- EUR
GESCHMACK:
TOMATIG

[LUCKY STAR]
PREIS: 0,50 EURO
GESCHMACK:
SPRITTIG

[ROSI'S BAR]
PREIS: 2,- EURO
GESCHMACK:
SCHARF

[KING CALAVERA]
PREIS: 1,50 EURO
GESCHMACK:
FRUCHTIG & SEHR GUT

[ST. PAULI
PREIS: 1,-
GESCHM
SPRITTIG, LEICHT BI

[HONG-KONG HOTEL]
PREIS: 3,- EURO FÜR 6
GESCHMACK:
WUCHTIG

[SOMMERSALON]
PREIS: 2,- EURO
GESCHMACK:
RAUCHIG

[ELDORADO]
PREIS: 1,80 EURO
GESCHMACK:
STARK, BISSIG

[JOLLY ROGER]
PREIS: 1,30 EURO
GESCHMACK:
PFEFFRIG

[AHOI]
PREIS: 1,- EURO
GESCHMACK:
GESCHMEIDIG, WÄRMT

[BARBARABAR]
PREIS: 1,50 EURO
GESCHMACK:
BRENNT NACH

[ROSCHINSKY'S]
PREIS: 1,50 EURO
GESCHMACK:
MILD, LEICHT RAUCHIG

[SHEBEEN]
PREIS: 1,50 EURO
GESCHMACK:
FEURIG, BRUSTLÖSEND

[LUNACY]
PREIS: 1,- EURO
GESCHMACK:
PFEFFRIG,
TOMATIG, TOP

[NACHTHA
PREIS: 1,30 E
GESCHMA
SCH
RUNDE SA

//UN, DOS TRESEN\\

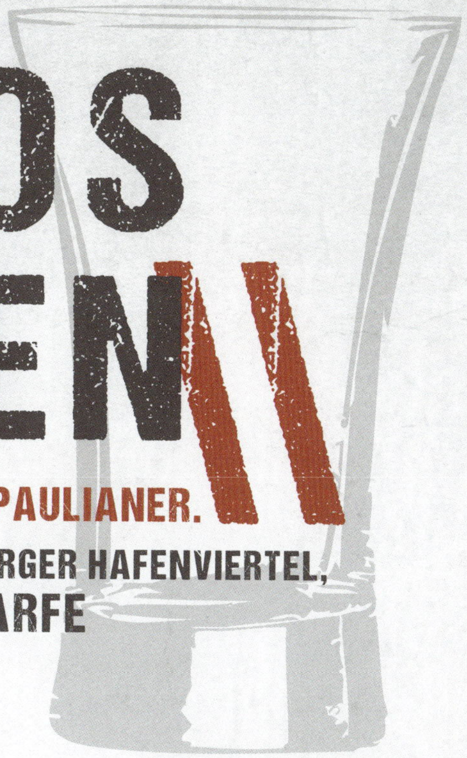

DER MEXIKANER IST EIGENTLICH EIN ST. PAULIANER.
DENN HIER, IM HAMBURGER HAFENVIERTEL,
WURDE DER FRUCHTIG-SCHARFE
TOMATENSCHNAPS ERFUNDEN!

Zur Entstehung des Mexikaners gibt es viele Legenden. Eine Version sagt, dass das Getränk im „Steppenwolf" erfunden wurde, einer Hardrock-Kneipe in der Schmuckstraße, die Mitte der 1980er-Jahre eröffnete, die es heute aber leider nicht mehr gibt. Von dort aus fand der Schnaps schnell viele Nachahmer. Heute bietet fast jede Kneipe auf dem Kiez ihren eigenen Mexikaner an.

Wer den Barmann nach den Zutaten fragt, erntet nur eisiges Schweigen. Das Rezept bleibt geheim. Der zum Teil schmerzhafte Selbstversuch zeigt: Der Chili-Rachenputzer schmeckt in jeder Bar anders. Es gibt Mexikaner mit Korn, Wodka und Tequila – oder mit allen drei Schnäpsen zusammen. Tabasco und Chilipulver sowie eine deftige Gewürzmischung mit grob gemahlenem, schwarzem Pfeffer geben ihm den nötigen Wumms. Wichtig: Am besten schmeckt der Mexikaner gut gekühlt. **SALUD!**

FÜR ALLE, DIE SICH IHREN EIGENEN MEXIKANER MIXEN WOLLEN, HIER EIN REZEPTVORSCHLAG:

0,5 l Vodka	2 cl Tabasco	1 Prise Zucker
1,0 l Tomatensaft	2 Teelöffel Pfeffer	Chilipulver
0,25 l Sangrita	1 Teelöfel Salz	nach Bedarf

Die GUTEN SEELEN der NACHT

SIE SCHENKEN BIER, SCHNAPS UND COCKTAILS AUS. KENNEN DEN BESTEN UND DEN SCHLECHTESTEN WITZ DER STADT. HABEN EIN OFFENES OHR UND RATSCHLÄGE FÜR IHRE GÄSTE. UND GEBEN IHRER BAR EIN UNVERWECHSELBARES GESICHT: DIE TRESENDAMEN VON ST. PAULI LEISTEN GANZE ARBEIT.

Eine Hommage AN FÜNF AUßERGEWÖHNLICHE FRAUEN VOM KIEZ.

LISA

// ALTER: 50 Jahre

// HINTERM TRESEN:
seit 32 Jahren

// GRUNDLAGE VOR DER SCHICHT:
Spaghetti Carbonara von „Piceno“ nebenan

// KATERFRÜHSTÜCK:
Mettbrötchen auf dem Weg nach Hause morgens

IV

// ALTER: 27 Jahre

// HINTERM TRESEN:
seit 6 Jahren

// SOWOHL GRUNDLAGE ALS AUCH KATERFRÜHSTÜCK:
Labskaus & Kaffee

SABINE

// ALTER: 52 Jahre

// HINTERM TRESEN: seit 30 Jahren

// GRUNDLAGE VOR DER SCHICHT: Stullen, Stullen, Stullen

// KATERFRÜHSTÜCK: Bifteki und Milch

BRIGITTE

// ALTER: 54 Jahre

// HINTERM TRESEN: seit 36 Jahren

// GRUNDLAGE VOR DER SCHICHT: Das Katerfrühstück am Abend

// KATERFRÜHSTÜCK: Keins, vor dem Abend ist nicht an Essen zu denken

FRAUKE

// ALTER: 57 Jahre

// HINTERM TRESEN: seit 40 Jahren

// GRUNDLAGE VOR DER SCHICHT: variiert, z. B. Mittagessen mit dem Sohn

// KATERFRÜHSTÜCK: Mettwurst und Senfgurke auf Schwarzbrot

ASTRA-BOWLE

MIT TEQUILA-BESCHWIPSTEM RHABARBER UND LIMETTEN

Unsere Variante des früheren Herrengedecks:
Herbes Astra und prickelnder Sekt treffen auf Tequila-beschwipsten Rhabarber und werden durch Minze und Limette schön fruchtig. Der perfekte Durstlöscher für laue Sommernächte und feucht-fröhliche Grillpartys.

EIN GROßER POTT BOWLE

- 600 *gramm* RHABARBER
- 140 *gramm* ROHRZUCKER
- 1 VANILLE*schote*
- 6 *cl* TEQUILA
- 2 *Bio*-LIMETTEN
- 1 *Flasche* TROCKENER SEKT
- 500 *ml* RHABARBERSAFT
- 500 *ml* SODA - als Alibi
- 4 *Liter* ASTRA
- 1 *Bund* MINZE

Den Rhabarber schälen und in etwa 0,5 Zentimeter große Stücke schneiden. Danach mit dem Zucker bestreuen und dreißig Minuten stehen lassen.

Die Vanilleschote der Länge nach aufschneiden und das Mark herausschaben. Anschließend das Vanillemark, die Schote und den Tequila über den Rhabarber geben und kurz verrühren. Nochmals dreißig Minuten ziehen lassen.

Dann die Limetten waschen, in Scheiben schneiden und zusammen mit dem Rhabarber in ein großes Bowle-Gefäß legen.

Im letzten Schritt den eisgekühlten Sekt, Rhabarbersaft, Soda und das Astra einfüllen, Minzeblättchen abzupfen, hinzufügen und die Bowle kalt servieren.

...Prost!

LAST-MINUTE-SIEG IM Crazy Horst PIANO BAR

Große Fußballnamen sucht man in der Historie des FC St. Pauli vergeblich. Der Club ist arm an Titeln und Stars. Dafür werden am Millerntor immer wieder Spieler zu Legenden, die in erster Linie mit viel Herz, Identifikation und Einsatzwillen punkten. Zwei besonders leuchtende Beispiele hierfür sind Marcel Eger und Florian Lechner: Zwei tragende Säulen des Teams, das den FC aus der schwärzesten Phase seiner jüngsten Geschichte von der Regionalliga zurück in die 1. Bundesliga kämpfte. Mehr als 5.000 Fans verabschiedeten die beiden Fußballgötter im Mai 2011 an der Adolf-Jäger-Kampfbahn mit einem denkwürdigen letzten Kick.

Doch wie gut kennen sich die beiden wirklich mit dem FC und dem Stadtteil aus? Wir haben sie auf die Probe gestellt – und baten zum unterhaltsamen Trinkspiel ins // CRAZY HORST //, wo Service-Manager und Hobby-Quizmaster Beppi den beiden auf den Zahn fühlte...

AND THE WINNER IS...
...LELLE!

BILDER RÄTSEL

10 //

11 //

12 //

1 // Walter Frosch 2 // Flo Bruns 3 // Rainer Wulff 4 // Andre Trulsen 5 // Paddy Borger 6 // Vegetarisches Essen
7 // Kuchen im Kuchenblock 8 // 3.800 9 // 930 m 10 // Esso Tankstelle 11 // Lucullus 12 // Hesburger

1 // Er sagte den legendären Satz: „An so einem Tag trinke ich auch mal 30 oder 40 Glas Bier!"

2 // Er war der Einzige, der morgens vor Abfahrt des Mannschaftsbusses direkt eine von Brigittes berühmt-berüchtigten Buletten verschlang.

3 // Er ist eine wichtige Stimme im Verein, Stadionromantiker und sagt „Früher war mehr Bier im Nacken".

4 // Er war länger bei St. Pauli als ihr zur Schule gegangen seid. Sein Lieblingsessen: Putengeschnetzeltes

// FRAGEN & ANTWORTEN

5 // Er hat es als Einziger geschafft, bei der Abschlussfahrt 2010 vier Tage lang durchzusaufen und an drei Tagen davon die Scherpe als „Mannschaftsvollster" zu tragen.

6 // Der FC St. Pauli wurde dafür ausgezeichnet, das Beste seiner Art in einem Fußballstadion zu haben.

7 // Hiermit ließ sich angeblich auf der Haupttribüne in den 70ern mehr Geld verdienen als mit den Eintrittskarten.

8 // Wie viele Leute arbeiten heute noch auf dem Fleischgroßmarkt Hamburg?

9 // Wie lang ist die Reeperbahn?

ST. PAULI ON THE ROCKS

FREUDENHAUS GIN TONIC

// 6 CL CLOCKERS GIN* // KEINE ZITRONE!
// VIEL EIS // mit Tonic im 0,3 l Glas auffüllen

* aus der Paul-Roosen-Straße

FREUDENHAUS BAR

>>MÖWEN-SCHISS<<

// 1 Korn // 1 Scheibe Pumpernickel // 1 Klacks Meerrettich // 2-3 kl. Nordseekrabben

MÖWE STURZFLUG

MÖWENGOLD

// 5 CL WODKA
// 1,5 CL HOLUNDER-BLÜTENSIRUP
// 2 CL LIMETTENSAFT
// 6 BLÄTTER BASILIKUM
shaken, doppelt abseihen und in Eisgläser mit
// 6 cl Apfelsaft auffüllen
// 1 Blatt Basilikum als Deko

Die Bar mit der größten Fensterfront und der höchsten Stuckdecke in St. Pauli ist vor allem bei jungen Leuten beliebt. Gäste fläzen sich hier auf gemütlichen Sofas und genießen die fantastischen Drinks.

OB SHORTDRINK ODER LONGDRINK…

… MANCHMAL MUSS ES EBEN EIN COCKTAIL SEIN!

AUF ST. PAULI GIBT ES ZAHLREICHE BARS, IN DENEN MIT KLASSE HOCHPROZENTIG GETRUNKEN WERDEN KANN. EINIGE DRINKS SIND SOGAR SPEZIELL FÜR DAS PUBLIKUM RUND UM DEN KIEZ KREIERT WORDEN.

MOSCOW MULE

// 4 CL WODKA // 1 CL LIMETTENSAFT // 2-3 TROPFEN SELLERIEBITTER mit Ginger Beer auffüllen und mit 2-3 Gurkenscheiben garnieren

Direkt neben dem dazugehörigen Restaurant gelegen, ist die **// FREUDENHAUS BAR //** eine Anlaufstelle für St. Paulianer aus der Nachbarschaft, die stilvoll, aber entschieden trinken wollen. Der Tresen ist eine ehemalige Gebetsbank, das Klavier in der Ecke leicht verstimmt und die Karte ein Streifzug durch die Alkoholika dieser Welt. 377 Whiskeys, 264 Rums, 177 Gins und 1 Wodka. Die sogenannten Familienmitglieder verdrehen den Gästen liebevoll den Kopf. „SERIOUS DRINKING" ist hier das Motto.

„Bekannt für die Cocktails und berühmt für die Partys", so beschreiben sich die Macher der //LUBA LUFT//. Ein weiterer Verdienst, den sich die Bar auf die Fahnen schreiben kann, ist die Wiederbelebung des „Moscow Mule". Der Cocktail mit Ingwergeschmack wurde Anfang der 1940er Jahre in den USA erfunden – und löste dort einen wahren Wodka-Boom aus. In Deutschland war er lange vergessen und stand auch in Hamburg auf keiner Getränkekarte. Im //LUBA LUFT// ist er der Hausdrink.

// CHRISTIANSEN'S // Diese Bar ist eine Legende und wurde schon mehrmals zur besten Bar Deutschlands gewählt. Das Sortiment von Chef Uwe Christiansen umfasst rund 850 Spirituosen. Zu den Stammgästen gehören auch Hamburger Prominente. Der Cocktail „Sturmflut" ist eine Eigenkreation von Barchef Lee und von St. Paulis Nachtleben inspiriert.

STURMFLUT

// EISWÜRFEL // ZITRONEN-ZESTE (feine Streifen der Schale) // 4 CL HELBIN
// 2 CL LIMETTENSAFT // ANGESENGTER THYMIAN
mit Ginger Beer auffüllen und 2 Tropfen Angostura oben drauf geben

Seit 2011 lädt diese gemütliche Bar i unmittelbarer Ha fennähe zum Ver sacken ein. Normal Leute und eine nor male Karte – hie ist gar nichts über kandidelt. Und s soll es bleiben. Die Cocktail-Philo sophie ist dennoch besonders: Hie geht es nicht ums Betrinken, sonder um erfahrbare Geschmackswelte Wer hier einkehrt, sollte Lust da auf haben, mal etwas Neues ausz probieren.

BOSTON & BEIFUß

// 5 CL IRISCHER WHISKEY // 3 CL ZITRONE
// 2 CL ZUCKER // 1,5 CL ABSINTH
// 2 CL EIWEIß
alles in den Shaker geben, auf Eis gießen

„Alkohol ist keine Antwort, aber es erleichtert das Warten auf eine Antwort." Dieses Zitat von Bruce Willis haben sich die Macher der // 3FREUNDE BAR // als Motto für ihre Homepage ausgewählt. So gesehen ist die // 3FREUNDE BAR // ein großes Wartezimmer der guten Laune. Und der guten Drinks: Aufgeteilt in Old & New School präsentieren die Barkeeper 33 Drinks. Darunter vergessene Klassiker, neue und eigene Kreationen.

HAMBURGER HIMMEL

// 5 CL HELBING KÜMMEL // 1 CL CREME DE VIOLETTE // 4 CL LIMETTENSAFT
// 2 CL ZUCKERSIRUP // 1 CL SAHNE
// 1 EIWEIß

WIE SCHMECKT DENN DAS?

PHELINE ROGGAN

SCHAUSPIELERIN („Soul Kitchen“ u. a.),
ST. PAULI-FAN

TRINKEN
MACHT…?

DEINE
EINUNG
ZUM
PROMI-DINNER?

WIE GUCKST DU,
WENN DER
KELLNER ZU LANGE BRAUCHT?

KATER-FRÜHSTÜCK
VOR DEM
SCHLAFEN GEHEN?

DEIN BLICK ALS KIND,
WENN DIR DAS
ESSEN GEKLAUT WURDE?

BUNDESLIGA
FC St. Pauli - FC Energie Cottbus
Gegengerade G 3
1632402066-3-10 12467
DAUERKARTE
SAISON 13 14
FCSP
ASTRA
KATER
FRÜH
STÜCK
CRAZY HORST
CRAZY BUT HONEST
SÜDKURVE
hola Hinchas, hola Amigos,

WO/TS
GESTERN
Ebbe

BLOODY MARY MIT ROLLMOPS IM STURM

DIE ULTIMATIVE KAMPFANSAGE

Gleich zwei bewährte Hausmittel bekämpfen den Katzenjammer.
Der Rollmops gleicht den alkoholbedingten Salzmangel aus. Bloody Mary gilt als Kater-Killer Nummer 1.

Ob es allerdings die Vitamine im Tomatensaft oder die ordentliche Portion Wodka im Bloody Mary sind, die lästige Alkohol-Entzugserscheinungen beseitigen, sei einmal dahingestellt.
HAUPTSACHE ES WIRKT!

ZUTATEN FÜR 1 PARTYGÄNGER

200 *ml* TOMATENSAFT

SALZ

PFEFFER AUS DER MÜHLE

1/2 *TL geriebener* INGWER

1 *kleine Stange* BLEICHSELLERIE

2 *cl* WODKA

1 ROLLMOPS

1 *Scheibe* SALATGURKE

Ingwer schälen und in sehr kleine Stücke zerschneiden. Die Gurke waschen und eine Scheibe abschneiden.

Tomatensaft mit Salz, Pfeffer und Ingwer und der Sellerie-stange im Glas verrühren.

Den Wodka in ein zweites Glas füllen und mit Rollmops und Gurke garnieren.

...Prost!

AUS DEM VIERTEL, FÜR DAS VIERTEL!

SCHWARZES GOLD

DIE KAFFEETRINKKULTUR AUF ST. PAULI TREIBT VIELE BLÜTEN. ES GIBT NICHT NUR ZAHLREICHE BARS UND HÄNDLER, SONDERN AUCH EINEN EIGENEN STADTTEIL-ESPRESSO UND EINE RÖSTEREI.

Seit Anfang des 17. Jahrhunderts treffen Kaffeebohnen aus den arabischen und asiatischen Ländern im Hamburger Hafen ein. Hamburg ist der größte europäische Importhafen für Rohkaffee und die Drehscheibe für den deutschen, skandinavischen und osteuropäischen Markt. Im letzten Jahr wurden hier rund 300.000 Tonnen Kaffee eingeführt bzw. 600.000 Tonnen umgeschlagen.

AUS DEM VIERTEL, FÜR DAS VIERTEL

Doch nicht alles wird weiter verteilt. Eine große Menge Kaffee bleibt direkt in der Hansestadt. Auf St. Pauli und der angrenzenden Schanze ist die Zahl der Kaffeebars in den letzten Jahren stark gestiegen. Ob schwarz, mit Milch und Zucker, als Cappuccino, Espresso oder Latte Macchiato: St. Pauli liebt das „braune Gold". Es gibt portugiesische, italienische, griechische, türkische und deutsche Kaffeevarianten.

Außerdem gibt es einige Besonderheiten, die es nur hier gibt: Seit Anfang 2012 etwa sind zwei neue Solidaritätskaffees aus der Fanszene des FC St. Pauli erhältlich: der Filterkaffee „Hamburg trinkt braunweiß" und der Espresso „St. Pauli Roar". Zwei Euro pro Kilogramm gehen in einen Fördertopf für antirassistische Fanprojekte, Stadtteilgruppen und Initiativen, die sich für das Recht auf Stadt einsetzen.

EIGENE RÖSTUNG

In der Kaffeebar [KOPIBA] am Pferdemarkt wird sogar ein eigener Kaffee geröstet – der sogenannte „Deathpresso". Der würzige Kaffee ist aus verschiedenen Arabica-Sorten und 40 Prozent gewaschenem Robusta hergestellt. Die Mischung hat es in sich. Das Deathpresso-Motto lautet entsprechend: „SCHLAFEN KANNSTE, WENN DU TOT BIST".

Inhaber und Kaffeeröster Thomas Haack hat sein Know-How in seiner Zeit bei Neumann erworben, einem der größten Kaffeehändler der Welt. Den Kaffee für seinen Blend kauft er vom Händler in der Speicherstadt. Danach wird er handgeröstet im schonenden Langzeit-Trommelröstverfahren. „Guter Kaffee wird mindestens achtzehn Minuten lang bei geringer Hitze geröstet. Industriekaffee dagegen wird oft bei 400°C und nur fünf Minuten Röstzeit versaut", sagt er. Ein weiterer Clou: Im Laufe einer Röstung gibt es zwei „Cracks", also die Momente, wenn die Bohne aufknackt. „Das Geheimnis guter Röster ist es, behutsam auf den zweiten Crack hinzurösten. Bei Filterkaffee stoppt man vor dem zweiten Crack, beim Espresso geht man über diesen leicht rüber", erklärt Haack.

WIE SCHMECKT DENN DAS?

MARK TAVASSOL

GITARRIST DER BAND „Wir sind Helden“,
MITGRÜNDER DER BAND „Gloria“,
SONGWRITER und PRODUZENT

DEIN BLICK ALS KIND,
WENN DIR DAS
ESSEN GEKLAUT WURDE?

WIE GUCKST DU,
WENN DER
KELLNER ZU LANGE BRAUCHT?

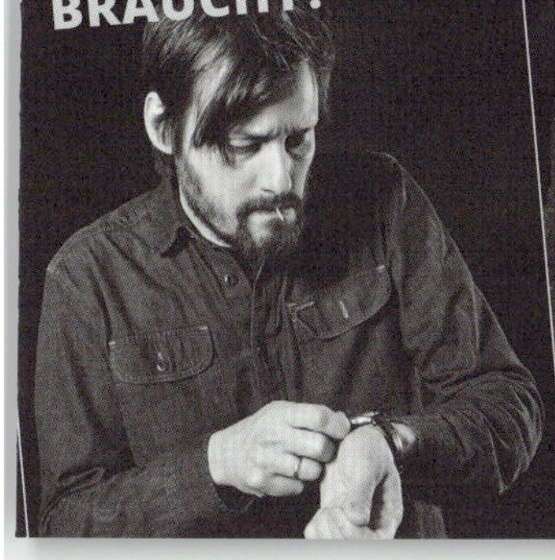

LABSKAUS
ZUM
FRÜHSTÜCK?

ESSEN
MACHT...?

DEINE
MEINUNG ZUM
PROMI-DINNER?

OMELETT

MIT SPINAT, CHAMPIGNONS UND SPECK

Auch Omeletts bekämpfen den Brummschädel. Es lässt sich schnell und ohne viel Aufwand zubereiten, ist reichhaltig und deftig. So wird der Nährstoffhaushalt des Körpers schnell wieder aufgefüllt. Gelingt auch mit Schädel!

ZUTATEN FÜR 1 OMELETT

2 EIER

SALZ

PFEFFER AUS DER MÜHLE

etwas frisch geriebener MUSKAT

80 *gramm* FRISCHE SPINATBLÄTTER

60 *gramm* CHAMPIGNONS

1 SCHALOTTE

50 *gramm* DURCHWACHSENER SPECK

etwas PFLANZENÖL

Die Eier in einer kleinen Schüssel mit einer Gabel oder einem Schneebesen schaumig aufschlagen. Danach mit Salz, Pfeffer und Muskat würzen.

Den Spinat waschen und die harten Stiele entfernen. Dann die Champignons putzen und in Scheiben schneiden. Die Schalotte schälen und in feine Streifen zerkleinern. Anschließend die Champignons mit etwas Öl scharf anbraten, den Spinat dazugeben, kurz mit anbraten und dann der Pfanne entnehmen.

Die Speckscheiben in der Pfanne auslassen, die aufgeschlagenen Eier dazugeben und kurz stocken lassen. Dann die Champignons, die Schalotten und den Spinat hinzufügen.

Das Omelett danach für ca. drei bis vier Minuten bei ca. 200 Grad in den vorgeheizten Backofen geben und das Ei stocken lassen, damit es eine fluffige Konsistenz bekommt.

ROGGEN-METTBROT

MIT BISMARCKHERING UND GEWÜRZGURKE

Auch das Mettbrot hat sich als tauglich gegen den Kater erwiesen. Wer zu verkatert ist, um selbst Hand an zu legen oder nachts schon einen deftigen Snack braucht, der bekommt freundliche Unterstützung in Hamburgs Kultkneipe [ERIKA'S ECK]. Hier liegen täglich frische Mettbrötchen in der Brötchentheke bereit.

Der Abstecher in das urige Lokal ist nach einer langen Kiez- oder Schanzennacht eigentlich Pflicht. Denn ob mit Brummschädel oder ohne: Leckere Brötchen und frischer Kaffee in gemütlicher Atmosphäre bringen jeden Partygänger wieder auf die Beine.

ZUTATEN FÜR 1 PERSON

130 *gramm* FRISCHES METT VOM SCHWEIN
SALZ
PFEFFER AUS DER MÜHLE
1 SCHALOTTE
1 *Scheibe* ROGGENBROT
EINIGE *Stängel* SCHNITTLAUCH
1 GEWÜRZGURKE
1 BISMARCKHERING

Das Mett mit Salz und Pfeffer würzen. Die Schalotte in feine Würfel schneiden, zum gewürzten Mett hinzugeben und mit einer Gabel leicht untermischen.

Das Zwiebelmett auf dem Brot verteilen. Den Schnittlauch waschen und in feine Ringe schneiden. Danach auf dem Mett verteilen.

Dann die Gewürzgurke und den Bismarckhering mit dem Mettbrot auftischen.

Guten Hunger!

KATERFRÜHSTÜCK
GEGEN KATZENJAMMER

DIE NÄCHTE AUF ST. PAULI VERGEHEN OFT WIE IM FLUG. DIE KOPFSCHMERZEN AM MORGEN DANACH MEIST NICHT GANZ SO SCHNELL. ZUM GLÜCK GIBT ES ABER ANLAUFSTELLEN IM VIERTEL, AN DENEN FEIERWÜTIGE MIT ZUSTANDSGERECHTER NAHRUNG WERTVOLLE LEBENSENERGIE TANKEN KÖNNEN.

KATERFRÜHSTÜCK GEGEN KATZENJAMMER

Einen Espresso, eine Gitanes ohne Filter, einen Rollmops, eine Aspirin und die Zeitung von gestern: Dieses Katerfrühstück konnten katergeplagte St. Paulianer lange Zeit im „Café Miller" in der Detlev-Bremer-Straße bestellen. Mittlerweile ist das Gericht jedoch von der Karte verschwunden. Hilfe gegen den Kopfschmerz gibt es rund um den Kiez aber dennoch – besonders in **[ERiKA'S ECK]** und in der **[KLEiNEN PAUSE]**.

[KLEINE PAUSE]

Inhaberin Sabine ist eigentlich gelernte Floristin. Nach ihrer Ausbildung arbeitet sie im „Blumenhaus Buschner" in der Wohlwillstraße 37, gegenüber vom Kinderspielplatz am Paulinenplatz. Später übernimmt sie den Laden. Ihr Mann Thorsten versucht derweil, einen Imbisswagen neben dem Spielplatz am Paulinenplatz zu betreiben. Weil die Behörden nicht mitspielen, übernimmt er einen Teil der Ladenfläche des Blumengeschäfts und eröffnet dort seinen Imbiss. Die **[KLEINE PAUSE]** entwickelt sich schnell zu einem Renner – auch, weil die Lage zwischen Kiez und Schanze viele vor dem Schlimmsten bewahrt.

Der Imbiss läuft so gut, dass das Paar die Blumenabteilung schließt. Trotz diverser Umbauten hat der Laden bis heute nichts von seinem Charme eingebüßt. Neben üppigem Frühstück (zum Beispiel zwei Rühr- oder Spiegeleier mit Schinken und Speck, dazu ein Brötchen) können Gäste hier auch mit Burgern, Pommes, Schnitzel, Schaschlik, Currywurst, Spare Ribs und anderen Delikatessen ihre Nachwehen bekämpfen.

[ERiKA'S ECK]

Als [ERIKA'S ECK] vor vierzig Jahren zum ersten Mal seine Tore öffnete, kamen vor allem Arbeiter aus dem benachbarten Schlachthof in die gemütliche Kneipe. Nach ihrer Schicht stärkten sie sich mit deftigen Fleischgerichten und tranken den einen oder anderen Absacker.

Die Zeiten haben sich geändert. Der Schlachthof ist längst geschlossen. Doch [ERIKA'S ECK] ist immer noch da. Das Ambiente ist seit der Eröffnung nahezu unverändert geblieben. Auch die fairen Preise haben sich kaum verändert. Die Tür steht jeden Tag 21 Stunden lang offen, von 17 bis 14 Uhr. Warme Speisen gibt es also die ganze Nacht hindurch. Angeschlagene Nachtschwärmer peppeln sich hier mit Rumpsteak, Roastbeef, Bauernfrühstück, Sauerfleisch, Bratheringen oder feuriger Gulaschsuppe wieder auf. Frühstück gibt es schon zur Geisterstunde, ab 24 Uhr. Besonders beliebt sind auch die belegten Brötchenhälften, die es für nur einen Euro gibt.

Stammgäste wählen aber auch oft die Aktionstage. Jeden Montag etwa ist Ententag. Dann gibt es halbe Enten mit Rotkohl und Klößen oder Salzkartoffeln. Dienstags ist Steak-, mittwochs Spareribs- und donnerstags Schnitzeltag.

SATT PAULI
ESTHER TISCHT AUF

MIT EINER BESONDEREN STADTTEILFÜHRUNG RICHTET SICH DAS ST. PAULI TOURIST OFFICE SPEZIELL AN FEINSCHMECKER. WIR HABEN UNS MIT TOUR-GUIDE ESTHER AUF DEN WEG GEMACHT – UND KAMEN SATT UND GLÜCKLICH ZURÜCK.

„Das kulinarische Angebot rund um den Kiez ist hervorragend. Man muss es nur kennen", sagt Esther. Die 28-Jährige isst und kocht gerne und kennt sich im Viertel bestens aus. Seit Anfang November bietet sie für das St. Pauli Tourist Office die „SATT PAULI – JETZT WIRD AUFGETISCHT!"-Führung an – ein Streifzug durch die vielfältige Küche in St. Pauli. Rund zehn Stationen steuert sie mit kleinen Besuchergruppen an, die Route wechselt ständig. „Ob Traditionsladen oder Newcomer: Ich habe Lokale ausgesucht, die ihre Speisen selbst herstellen und einzigartig sind", sagt Esther.

Zu den Traditionsläden zählt unter anderem der **[MINI-GRILL]** in der Clemens-Schultz-Straße, der dort bereits seit 1966 halbe Hähnchen und selbstgemachten Salat feilbietet. Unter den Newcomern befinden sich zum Beispiel das **[DELIKAT ST. PAULI]** mit einem breiten Angebot an regional produzierten Produkten für den täglichen Bedarf wie Brot, Senf, Pasta, Käse und Wurst.

Im **[KIEZ CURRY]** serviert Inhaberin Simone ihre berühmte hausgemachte Sauce – ohne Schicki-Micki. Im **[KLEINE HAIE & GROSSE FISCHE]** machen knackig-frische Fischbrötchen die Gäste glücklich. Auch Abstecher in die japanische und spanische Küche können die Teilnehmer der Tour erleben.

In jedem Lokal dürfen ihre Gäste probieren und den Köchen auch mal über die Schulter schauen. „So haben wir einen guten Querschnitt durch das vielfältige Angebot auf dem Kiez", sagt Tour-Guide Esther, die auf ihrer Tour auch Hintergrundinformationen zur Geschichte und Gegenwart des Stadtteils vermittelt. „Das ist uns wichtig, denn trotz aller Raubeinigkeit ist St. Pauli ein zartes Konstrukt, für das man Besucher sensibilisieren muss", sagt sie. Für sie bleibt im Viertel kaum ein kulinarischer Genuss unerfüllt: „Nur ein richtig gutes afrikanisches Lokal fehlt hier noch", sagt sie. Vielleicht wird ihr ja bald auch dieser Wunsch erfüllt...

kleine haie
KLEINE HAIE & GROSSE FISCHE

MINI-GRILL
UNSERE PREISE

DELIKAT ST. PAULI

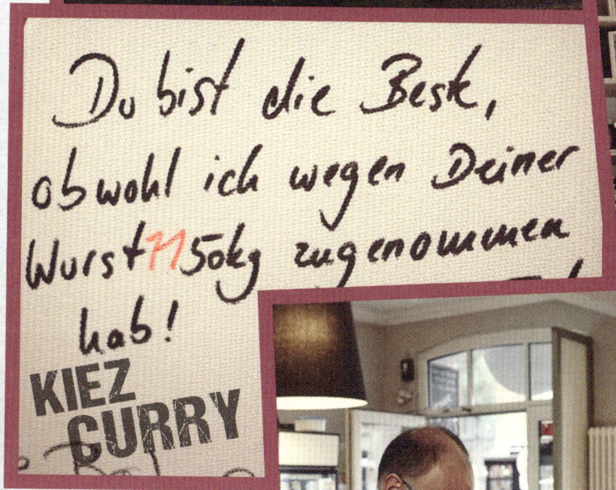
Du bist die Best,
obwohl ich wegen Deiner
Wurst 11,5 kg zugenommen
hab!
KIEZ CURRY

HAMBURG

MONA | SPIZZA
FRÜCHTE AN
+DILL MIT
+ZITRONE
ZIEGENKÄSE
UND ROTE BEETE
AUF MASCARPONE

UNSERE PREISE

ST. PAULI

PROBAT

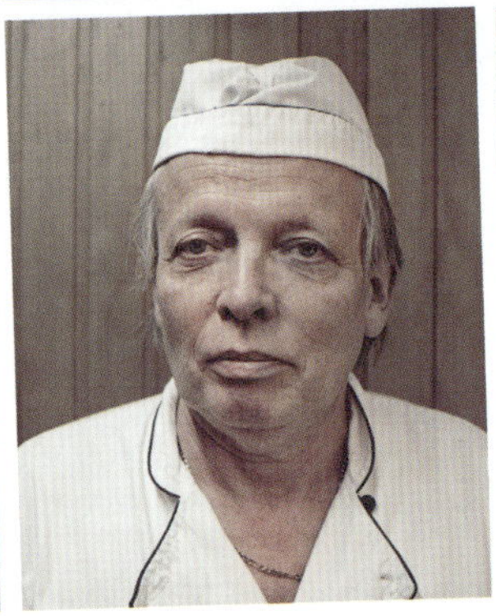

GRÜNE MINNA
VOKÜ / KÜFA

Heute zu
x x
wegen gestern
HONG-KONG
Eingang HOTEL Eingang
ZITRONE
AGAVE
ST. PAULI

WIR HABEN ZUSAMMEN **GEGESSEN**, GETRUNKEN, GESCHWITZT UND DISKUTIERT, HABEN NEUES AUFGESPÜRT UND ALTES WIEDERENTDECKT. ÜBER EIN JAHR HABEN WIR FÜR UNSER GEMEINSAMES PROJEKT ALLES GEGEBEN - UND HATTEN DABEI EINE **SUPER ZEIT**.

UNSER TEAM STELLT SICH VOR.

SANDRA VARTAN // Text & Organisation

DAS SCHMECKT MIR BESONDERS GUT
Süßes in allen Variationen, guter Wein

DAS SCHMECKT MIR GAR NICHT
Hummer, Kaviar, Thunfisch

RABEA MEYER // Design

DAS SCHMECKT MIR BESONDERS GUT
(FC) St. Pauli in jeder Geschmacksrichtung, Weltenbummeln mit Meeresbrise & Sonne satt, Pfeffer & Chili

DAS SCHMECKT MIR GAR NICHT
Hunger, fader Beigeschmack & Koriander

DENNIS VON MALOTTKE // Buchvertrieb

DAS SCHMECKT MIR BESONDERS GUT
Riesen-Pizza und dann Couch-Kuscheln

DAS SCHMECKT MIR GAR NICHT
Pfefferalgenbutter und leere Chipstüten

SVEN LANGANKE // Küchenchef

DAS SCHMECKT MIR BESONDERS GUT
Kochen mit meinem Sohn Billy, Sonntagsfrühstück

DAS SCHMECKT MIR GAR NICHT
Paprika, stumpfe Messer

SEBASTIAN MEISSNER // Text

DAS SCHMECKT MIR BESONDERS GUT
Thymian, Lakritz, Gin, Ananas

DAS SCHMECKT MIR GAR NICHT
Cocktailkirschen, Morcheln, Weizenbier

JOHN BRÖMSTRUP // Fotograf

DAS SCHMECKT MIR BESONDERS GUT
Meerwasser

DAS SCHMECKT MIR GAR NICHT
Alphatiere

STELLA ZOLPER // Postproduction

DAS SCHMECKT MIR BESONDERS GUT
nach dem Spiel Pizza bei Slim Jim's

DAS SCHMECKT MIR GAR NICHT
Niederlagen vom FC St. Pauli

MICHAELA PFEIFFER // Foodstyling

DAS SCHMECKT MIR BESONDERS GUT
wenn etwas meine Vorstellung übertrifft & dabei ehrlich ist

DAS SCHMECKT MIR GAR NICHT
Tausendjährige Eier, Matjes, Insekten

LENI VARTAN // Testesser

DAS SCHMECKT MIR BESONDERS GUT
Svens Reste, die rein zufällig auf dem Boden landen

DAS SCHMECKT MIR GAR NICHT
ein leerer Napf

UNSER BESONDERER DANK GILT UNSEREN UNTERSTÜTZERN UND MITWIRKENDEN

// 3Freunde Cocktailbar
// Ahoi
// Astra
// Barbarabar
// Cafée mit Herz
// Carlsberg Deutschland GmbH
// Christiansen's Fine Drinks & Cocktails
// Couch Kapitän
// Crazy Horst
// Cuneo GmbH
// David Quelle
// Delikat St. Pauli
// Delta Fleisch GmbH
// Der Clochard
// Dymke, Iren
// Eger, Marcel
// Eldorado
// Erika's Eck
// FC St. Pauli
// Fleischgroßmarkt Hamburg GmbH
// Freudenhaus Bar
// Frohmüller, Antje
// Fuhrmann, Rollo
// Gartendeck St. Pauli
// Gerlach, Gunter
// Grüne Minna
// Herr Max

// Hong-Kong Hotel
// Imbiss bei Schorsch
// Italbrot GmbH
// Jolly Roger
// Keimzelle
// Ketikidou, Maria
// Kiek ut
// Kleine Pause
// Kiez Curry
// King Calavera
// Kleine Haie & Grosse Fische
// Kogge Rock'n'Roll Hotel & Bar
// Konditorei Holger Rönnfeld
// kopiba GmbH
// Le Fly
// Lechner, Florian
// Luba Luft
// Lucky Star
// Luicella's Ice Cream
// Lunacy
// Mary's Treff
// Meyer, Brigitte
// Millerntor
// Mini-Grill
// Möwe Sturzflug
// Mr. Kebab
// Nachthafen

// Old Sailor
// Roggan, Pheline
// Roschinsky's
// Rosi's Bar
// Schittek, Helga
// Schmakazien
// Seilerhütte
// Shebeen
// Slim Jim's
// Sommersalon
// St. Pauli Eck
// St. Pauli Tourist Office
// Susis Showbar
// Tarterie
// Tavassol, Mark
// Thedatoo
// Thorandt, Markus
// Trulsen, André
// Viva con Agua de Sankt Pauli
// Weskamp, Hannelore
// Zeeck, Walter
// zweihundertsieben

REGISTER

KIEZKÜCHE ST. PAULI – YOU'LL NEVER COOK ALONE

KONZEPT & IDEE // mpeyer Communication GmbH, Chris Vartan
GESAMTGESTALTUNG // Rabea Meyer | mpeyer Communication GmbH
TEXTE // Sandra Vartan | mpeyer Communication GmbH, Sebastian Meißner
REZEPTENTWICKLUNG // Sven Langanke
LEKTORAT // mpeyer Communication GmbH
FOTOS // John Brömstrup | Joohn Photography, u. a.
BILDBEARBEITUNG // Stella Zolper Postproduction
BILDNACHWEISE // Fotos Intro – 1. Reihe, 1., 3. v. r.; 2. Reihe, 1. v. l.; 3. Reihe, r. mittig; 4. Reihe, 1. v. l.; 2. Reihe v. u., 2. v. r.; 1. Reihe v. u., 1. v. r.; Fotos S. 21 – 2. Reihe o. l.; 4 v. u.: André Goecke / Rabea Meyer
Fotos S. 18-19; S. 20 r. u.; S. 21 o. r.; S. 146-147: Antje Frohmüller | Fotos S. 167: Iren Dymke
Alle weiteren Motive: John Brömstrup
DRUCK // NordMEDIA - Agentur für Medien & Druck

mpeyer COMMUNICATION

Printed in Hamburg, Germany
ISBN 978-3-00-045146-1

Dorade in der Salzkruste (Asia-Style)